Willibald Winckler

Lieder eines Wandervogels

Willibald Winckler

Lieder eines Wandervogels

ISBN/EAN: 9783743321182

Hergestellt in Europa, USA, Kanada, Australien, Japan

Cover: Foto ©Thomas Meinert / pixelio.de

Manufactured and distributed by brebook publishing software
(www.brebook.com)

Willibald Winckler

Lieder eines Wandervogels

Lieder eines Wandervogels.

Von

Willibald Winckler.

Zweite gesichtete und vermehrte Auflage.

—·—

Stuttgart.

Im Selbstverlag der Wittwe des Verfassers.

1871.

Frau

...tte Hallberger,

von dem

Verfasser.

Zueignung.

Den Wandervogel, der die Welt
Auf eignen Schwingen hat durchflogen,
Hat Kronenglanz und Herrengunst
Noch nie gereizt und angezogen.

Er sang sein schlichtes Wanderlied
Stets lieber vor des Aermsten Erker,
Als demuthkranke Melodien
Dem Fürstenohr aus gold'nem Kerker.

Mag stolz der kluge Papagei
Auf steiler Höh' bei Fürsten stehen,
Ich will an holder Frauenhand
Nach dem bescheid'nern Ziele gehen.

D'rum bat ich dich, vielwerthe Frau,
Mich vor das Publicum zu führen,
Man wird, sobald du Ruhe winkst,
Kein Wort von meinem Sang verlieren.

Stuttgart, May 1871.

Abdallah *).

Eine Ballade.

Haft Du in jungen Jahren je eine Nacht durchwacht
Am gold'nen Märchenbrunnen „Tausend und einer Nacht",
So hat auch Scheh'rezade Dir einen Ring geliehn,
Mit dem du stets dem Pfade der Prosa kannst entfliehn.

Nun denn so drehe heute den wunderbaren Ring,
Sprich Deine Zauberformel, heb deinen Fuß und schwing
Dich zum Kabylenlande an den Sibusefluß
Und dort im Ufersande laß ruhen deinen Fuß.

Schon ist's geschehn! Rings starren des Atlas Felsen auf,
Schneewasser nehmen schäumend von Bergen ihren Lauf
Bis in das Thal von Bona, wo der Sibuse springt,
Aus dem am Tag die Ziege und Nachts der Löwe trinkt.

Ist das ein Zaubergarten? — Ist das ein Märchen=
traum? —
Dort oben Eis, hier unten der grüne Mandelbaum,
Dort oben nordlichtprächtig ein zornig Alpenglühn,
Indeß verschämt im Thale die Myrthenbäume blühn?

---

*) Für die königl. württemb. Hofschauspielerin Frau Eleonore
Wahlmann geschrieben und derselben, als ein Zeichen besonderer
Hochachtung, zugeeignet.

Dort oben ew'ger Winter, hier ew'ger Sonnenbrand,
O wunderbarer Himmel, o märchenhaftes Land!
Es ist, als hätten Winter und Sommer sich vereint,
Worüber nun der Gletscher viel Freudenthränen weint.

Und wie verzaubert stille ist Alles rings im Thal!
Es ist als kämen Menschen nie her mit ihrer Qual,
Es ist als schlief das Echo sogar hier ew'gen Schlaf,
Es ist als ob auf Feinde hier nie ein Wesen traf.

Und auf den Firnen leise verlöscht das Alpenglühn,
Man sieht in weitem Kreise noch einen Adler ziehn,
Dann taucht er in den Aether, auslischt das Abendroth,
Und rings ist alles Stille und Dunkelheit und Tod.

— — — — — — — — —

Doch horch! — Klang's nicht soeben wie Hufschlag durch
die Nacht? —
Ihr grauen Felsenwächter habt ihr so schlechte Wacht?
Darf diese heil'ge Stille ein Pferdehuf entweihn?
Hier sollte ein Arkadien, ein Dichtereden sein! —

Weh' mir, auch Waffenklirren die stille Nacht durchdringt,
Es ist als ob ein Säbel am Eisenbügel klingt,
Und gleich darauf ein leises, ein mahnend: „Attention".
Halb klingt's wie zorn'ger Vorwurf, halb wie Commando=
ton!

Wie eine Riesenschlange kriecht's leise in das Thal,
Beim Sternenscheine blitzt es von Waffen ohne Zahl
Und leise, leise, leise schleicht's Unheil durch die Nacht
Damit das kluge Echo der Berge nicht erwacht.

Erschreckt lauscht die Gazelle am Fluß mit feinem Ohr,
Dem Löwen starrt im Zorne die schwarze Mähn' empor,
Aufbellend flieht der Schakal, der feige, in sein Nest
Indessen die Hyäne ihr Lachen hören läßt:

„Haha, jetzt kommt die Ernte zu uns auch ohne Saat,
„Haha, jetzt naht des Kaisers rothhosiger Soldat,
„Willkommen am Sibuse im grünen Bonathal,
„Hyäne hält und Geyer nun bald ein lustig Mahl.“

Wacht auf, wacht auf ihr Schläfer, vom Stamme Biscaris,
Die Hand naht, die schon Manchen zum Staube niederriß,
Der einst frei groß und mächtig für Allah schwang sein
Schwert,
O denkt an Abd = el = kader, schützt Weib und Kind und
Heerd.

Wacht auf, wacht auf ihr Schläfer, die Flinten nehmt
zur Hand,
Die Großmuth eurer Berge ist ihnen unbekannt,
Sie morden Weib und Kinder, sie tödten euch im Schlaf,
Das nennt man wälsche Treue, das loben sie als brav.

— — — — — — — — — — — —

Kein Wächter stand am Dammy kappor —
Offen, unbewacht war das eiserne Thor,
Und hernieder wie eine Lawine schoß
Ins stille Thal der französische Troß.
Wild klang ihr Hornruf durch die Nacht,
Da sind die Biscaris aufgewacht
Und Allah! Allah! tönte es bang
Zwischen dem fränkischen: en avant!
Und der Kampf entbrennt, Schuß fällt auf Schuß,

Heiß ist der Dank auf den warmen Gruß,
Das Echo schreckt grollend auf aus der Ruh
Und die milden Sterne lächeln dazu.
Die Höhlen der Berge spei'n Feuer aus,
Eine Festung wird jedes Felsenhaus,
Wie Löwen kämpfen Weib und Mann,
Todtflammend zuckt der Yatagan;
Bergauf, bergnieder tobt der Kampf,
Verhüllt sind die Streiter in Pulverdampf,
Die weißen Mäntel färben sich roth
Und reiche Ernte hält der Tod. —
Als endlich der grauende Morgen kam
Waren die Löwen des Bona zahm,
Die vielen Hunde, die falsche Nacht
Haben die Tapfern zum Fall gebracht.
Nur hoch über'm Fluß am Felsenrand
Fechtend allein noch Abdallah stand
Und wie ein Held mit gefeitem Leib
Vertheidigt er sich, sein Kind und Weib.
Sein Auge flammt und sein Säbel fliegt,
So ficht nur ein Held, der stirbt oder siegt.
Sie wollen lebendig haben den Mann,
Immer neue Söldner stürmen heran,
Ein Berg von Leichen thürmt sich auf,
Doch mehr, immer mehr noch stürmen herauf
Und als Abdallah's Säbel bricht
Verschmäht er Dolch und Zähne nicht.
Doch es erdrückt ihn die Uebermacht,
Matt wird sein Auge, um ihn wird's Nacht.
Und als er röchelnd zu Boden sinkt,
Sein treues Weib in die Fluthen springt,
Mitsammt dem Kinde — ein Fall, ein Schrei
Und Alles ist still — Alles vorbei! —

Abballah liegt in Fesseln, wie ist sein Haupt so schwer,
Wie ist von Glück und Hoffnung sein Dasein nun so leer,
Verblichen ist für immer der Freiheit Morgenroth
Sein Weib, sein Kind, sein Vater — sein Lebensglück ist
tobt.

Doch trocknen Aug's und männlich trägt er sein hartes
Loos:
„Allah hat es gegeben — er nahm's — Allah ist groß!
„Und er, des Hauch die Palme, die stolze, niederbricht,
„Er geht mit unsern Henkern auch einmal ins Gericht."

Als er, noch solches denkend, auf hartem Lager lag,
Tritt durch das Kerkergitter herein der junge Tag:
„Grüß Gott, mein Held Abballah, du tapfrer Biscaris,
„Ich bring viel tausend Grüße dir aus dem Paradies,

„Wo keine Christen herrschen, wo ew'ger Frühling wohnt,
„Wo Allah über Sternen in heil'ger Milde thront."
So klingen Trostesworte durch seinen Fiebertraum,
Es ist wie leises Rauschen des Winds im Palmenbaum.

Da klirrt der Pforte Riegel, da öffnet sich das Thor
Und in die Kerkerzelle tritt stolz der Auditor:
„Bereite dich, Abballah, mein Mund verkündet Tod
„Du stirbst, Biscaris Häuptling, mit nächstem Morgen-
roth.

„Doch will der Kaiser gnädig dir den Verrath verzeihn,
„Willst du dein Schwert, das tapfre, jetzt seinem Dienste
weihn."
Darauf Abballah finster, stolzblickend wiederspricht:
„Daß ich die Brüder morde für Euch das wolle nicht;

„Willkommen, blasser Henker, willkommen sei dein Blei,
„Ein Wort — ein Knall — sechs Kugeln und Alles ist
vorbei."
„„Nicht gegen deine Brüder führt man dich ins Gefecht,
„„Der Kampf gilt einem andern dir feindlichem Ge=
schlecht;

„„„Weit fort von hier zum Rheine geht unsrer Adler
Flug,
„„„Der Kampf gilt Christenhunden, begleitest du den
Zug?""""
Da hat Abdallah sinnend sein stolzes Haupt gesenkt,
Wie einer, der die Wege des Fatums überdenkt:

„Wer Christen tödtet, spricht er, der ist von Gott geehrt,
„Wohl denn, ich bin der Eure, gebt mir ein Pferd, ein
Schwert,
„Bis in den sieb'nten Himmel thürm' ich mir Leichen
auf
„Und steige so zu Allah, zu Weib und Kind hinauf."

Und hinein in das eisige Frankenland
Ist der Sohn des Atlas geritten
Und hat auf dem Schlachtfeld von Orleans
Wie ein tapfrer Reiter gestritten.

Und wo sein flammender Säbel geblitzt
Da grinste der Tod vor Vergnügen,
Wie eine Standarte des Sensenmanns
Sah man seinen Burnuß fliegen.

„Ihr Löwen von Bona heran, heran,
Berauscht euch im Christenblute,
Im Buche des Paradieses schreibt
Man jeden Feind uns zu Gute."

Und schon zum Siege hin neigt sich der Kampf,
Dank euch, afrikanische Reiter,
Da stürmen aufs Neue die Schaaren heran,
Der eisernen deutschen Streiter.

Und wüthend hinein mäht das deutsche Schwert,
Es donnern die deutschen Kanonen,
Und namenloses Entsetzen erpackt
Die fränkischen Legionen.

Es war ein Tosen, als bebe die Luft
In einem Tropengewitter,
Millionen Blitze schlugen das Heer
Des stolzen Frankreichs in Splitter.

Und wie ein Bergstrom in tollem Lauf
Herniederbraust von den Höhen,
So war die Flucht der Loire-Armee
Entsetzlich anzusehen.

Und die Löwen von Bona sind auch dabei,
Sie flohen die Ersten von Allen,
Als todeswund Abdallah, der Held,
In feindliche Hände gefallen.

Das ist das Fieber! — Im Lazareth
Wälzt sich Abdallah auf hartem Bett;

Es zuckt seine Lippe, sein Auge glüht,
Es ist als ob er Gespenster sieht.
Jetzt fährt er empor: „Horch, horch Kamerad,
Sie schleichen heran, das Verderben naht,
Der Roßhuf klingt und der Säbel klirrt,
Wer hat sich ins Thal von Bona verirrt?
Das sind die Feinde! — Die Waffen ergreift!
Es kracht die Flinte, die Kugel pfeift,
Die Felsen des Atlas färbt ihr Blut,
Die Löwen des Bona schlagen gut.
Nur muthig, schon flieht der Feinde Troß,
Allah hu akbar — Allah ist groß! —
Doch immer mehr noch stürmen heran,
Die Flinte fort, reicht mir den Yatagan,
Dicht schmieg dich an, mein tapfres Weib,
Dich und dein Kind deckt schon mein Leib.
Und immer mehr! Weh' mir, der Säbel bricht,
Achmet, mein Knabe, weine nicht,
Denn nimmer noch sah ein stolzer Feind,
Daß ein Biscaris im Kampfe weint.
Den Dolch her, Weib, schmiege dich fester an,
Heran, ihr Hunde, hier ficht ein Mann;
Meines Armes Muskeln sind noch wie Stahl,
Noch mehre ich wohl eurer Leichen Zahl.
Im Morgenroth blitzt mein Dolch voll Gluth,
Rubinengeschmückt von Feindesblut,
Das ist für die Waffe ein Tag voll Lust,
Denn ihre Scheid' ist des Feindes Brust.
Da stirb! — Weh' mir, der Kolben traf,
Ist das die Nacht und der Todesschlaf?
Amine — wo — bist du? Da springt sie und sinkt,
Es rauscht der Sibuse — sie ertrinkt." — —
Und matt von den Fieberphantasien
Sinkt der Spahi wieder aufs Lager hin,

*

Und als er vom Fiebertraum erwacht,
Nach langer, banger, qualvoller Nacht,
Da kniet sie an seiner Lagerstatt,
Von der er so wild geträumet hat.
Sie ist durch den wilden Fluß geschwommen
Und ist in das eisige Land gekommen
Und Achmet, sein Knabe, leise spricht:
„Kennst, Vater, du mich und die Mutter nicht?"
Da fährt Abdallah vom Lager empor:
„Was trifft für ein heiliger Klang mein Ohr?
„Vom Himmel hernieder ruft mein Sohn —
„Allah ist groß — ich komme schon!"
Es strahlt sein Antlitz wie Morgenroth
Abdallah lächelt — er ist todt

Titania.
Ein Maitraum.

Duft'ge Nacht — die Blumen schlafen,
Sproßer ist zum Nest geflogen,
Mondschein liegt auf Wald und Wiesen,
Spielt auf Bergbachs wilden Wogen.

Alles still — nur fern im Schilfe
Hör' ich Rauschen, hör' ich Flüstern,
Leise klagend und erzählend
Bebt allein das Laub der Rüstern.

„Siehst du dort," so hör' ich's raunen,
„Stehn den Mohn in rothen Blüthen?
„Siehst du dort mit Speer und Schilden
„Elfen seine Blumen hüten?

„Auf dem Blatt ruht eine Fürstin,
„Ruht „Titania", die Holde,
„Sieh', ihr Leib, der blendend weiße,
„Glänzt im blassen Mondengolde."

Und so war's: am Rand des Bergbachs,
Fast besprüht von seinem Schaume,
Lag der Elfen schöne Fürstin,
Hingestreckt im ersten Traume.

Auf dem duftig grünen Mohnblatt
Ruhten ihre schlanken Glieder,
Und des Mohnes rothe Rose
Nickte auf ihr Antlitz nieder.

Unten, an dem Schaft des Mohnes,
Sah ich's glitzern, sah ich's blitzen
Lanzenschwinger, Panzerträger
Lagen dort und Armbrustschützen.

Kleine Dämchen, reizumflossne,
Buhlten dort mit ihren Rittern,
Elfenrecken, wie geschaffen
Für sie Lanzen zu zersplittern.

Knappen, die im Reiz der Jugend
Und im Reiz der Unschuld glänzen,
Sah ich ihrer Fürstin Schlafstatt
Mit Guirlanden still umkränzen.

An den Halmen thau'ger Gräser
Scharrten ungeduld'ge Rosse,
Hoch, am Schaft des Löwenzahnes,
Hingen Schild und Wurfgeschosse.

Lust'ge Reigen, bunte, wilde,
Tanzten kleine Geisterschelme,
Tanzten tolle Wirbelreigen
Um des Eisenhutes Helme.

Mohn, der falsche, liebte lange
Schon die Königin der Elfen,
Heute soll der Mainacht Wolluft
Ihm zu seinem Sieg verhelfen.

Leise, angethan im feinen
Scharlachfarb'nen Festtagskleide,
Drückt er auf den Mund Titania's
Seine rothen Lippen beide.

Wispert ihr verbotne Träume,
Hält sie eng mit Schlaf umfangen,
Sagt ihr, was die Nachtigallen
Nächtlich von der Liebe sangen.

Armes Weib — die Pulse fliegen,
Tiefe Röthe auf den Wangen,
Und der Mohn, der wollufttolle,
Hat sie glüh'nder noch umfangen.

Sie erbebt, die Schläfen pochen,
Wache auf! sieh, wie sie zittert,
Zittert, daß der Schaft des Mohnes
Bis zur Wurzel ist erschüttert.

Panzer klirren, Rosse wiehern,
Einen Hornruf hör' ich schallen,
Leise klagend, zärtlich warnend,
Und im Nachtwind sanft verhallend.

Und der Ton, der liebesweiche,
Hat Titania aufgerüttelt,
Schnell hat sie von Aug' und Gliedern
Traum und Schlaflust abgeschüttelt:

„Oberon, o hätt' ich niemals
„Mich zum falschen Mohn gebettet!
„Dank dir, König, daß Titania
„Du von Schmach und Schuld gerettet!"

Die Hyänen von Wörth.

I.

Die Nacht bricht an, auf's Schlachtfeld sinkt der Nebel,
Komm, Kamerad, umgürte deinen Säbel,
Nachtthiere schleichen schon durchs Leichenfeld. —

Sieh es dort huschen! — Bleiche Nachtgestalten
Erscheinen schon; geschützt von Mantelfalten
Glüht ihre Diebslaterne durch die Nacht.

Horch, wie es stöhnt! Laß still uns näher schleichen,
Dort halten sie und wühlen unter Leichen
Nach blut'gen Schätzen — Kam'rad, sei bereit!

Ha, was war das? — Das ist ein Gnadebitten!
Ein Schmerzensschrei! Und nun wie abgeschnitten
Herrscht wieder Grabesruh im Leichenfeld.

Kriech näher, Freund! Jetzt wieder Schmerzgewimmer
Sieh durch das Glas — täuscht nicht der bleiche Schimmer
Des Lichtes, so verüben sie dort Mord. —

Jetzt drauf und dran! Halt! Werda? Nieder, Hunde!
Wir haben sie, und diese frische Wunde
Beweist, wenn auch kein Todter klagen kann.

II.

Gewehr bei Fuß! — Kam'raden, jene Raben
— Seht sie euch an — sind's, die verstümmelt haben
Verwundete, und Leichen dann beraubt.

Sie blendeten, raublustig, die Blessirten,
Damit die Sehenden nicht überführten
Die Schurken, welche dorten vor euch stehn.

Sie schnitten selbst die Zungen aus dem Munde
Dem Freund und Feinde, daß in spät'rer Stunde
Nicht Einer könne zeugen gegen sie.

Ein Auge wacht jedoch, wenn Alle schlafen,
Der ew'ge Gott, der Vater aller Braven,
Der keine Leichenschänder schützen will.

Wir führen keine Waffen gegen Bürger,
Doch gnadlos ist der Himmel gegen Würger —
Kam'raden, wer vollzieht den Urtheilsspruch? —

Genug zwölf Mann! — Doch schießt mir sicher, Brüder,
Zwölf Kugeln strecken wohl zwölf Geyer nieder!
Achtung! — Gewehr auf! — Fertig! — Schlaget an!

In der Prärie.

Ein Trapper kehrt in Minka's
Einsamen Wigwam ein:
„Willst du, o brauner Häuptling,
„Mir treuer Führer sein?

„Ich bin vom Weg gekommen,
„Bin abgeirrt vom Zug,
„Das Steppengras umfing mich
„Mit zauberhaftem Trug.

„Kannst du den Weg mir zeigen,
„Der mich zu Menschen führt,
„Will ich dich hoch belohnen,
„Wie's solchem Dienst gebührt!"

„„Ich mag nicht Lohn,"" spricht Minka,
„„Was sollte mir dein Gold?
„„Ein Chippawaer Häuptling
„„Dient Weißen nicht um Sold!

„„Rauch' aus der Friedenspfeife,
„„Ich werfe mich aufs Pferd,
„„Und führe dich zur Straße,
„„Der folgst du unbeschwert.""

Die Steppe ist durchschnitten —
Sie stehn am Scheideweg;
Da spricht der Trapper höhnisch:
„Mein Falber ward so träg,

„Wie wär's, o brauner Krieger,
„Bät' ich dich um dein Pferd?
„Du legst den Weg zurücke
„Zu Fuß ganz unbeschwert."

„„Ist dies dein Dank?"" ruft Minka,
„„Treuloser, blasser Mann,
„„Dank Gott, daß meine Büchse
„„Nicht Antwort geben kann!

„„Ich würde dir erwiedern,
„„Ständ' ich bewaffnet hier,
„„Willst du mein Roß, so komme
„„Und hole es von mir!""

„Du Narr!" darauf der Trapper,
„Was hält mich davon ab,
„Ich schieße dich vom Pferde,
„Das mir gefällt, herab!"

— „„So schieße denn!"" spricht jener
Und richtet hoch sich auf,
Als wollt' er breiter stehen
Vor dem Pistolenlauf.

Der Trapper zielt, die Rechte
Gestützt am Sattelknopf,
Und jagt die heiße Kugel
Dem Pferde durch den Kopf.

„Beim Teufel!" brüllt er grimmig,
„Daß ich ihn fehlen muß;
„Doch zu der Hölle sende
„Dich nun mein letzter Schuß ".

Der Häuptling liegt am Boden
Bei seinem todten Roß,
Bedeckt mit Blut, das purpurn
Den braunen Mann begoß.

Er scheint ein bronzen Bildniß,
Vom Abendschein erhellt;
Ein Bildniß aus der ernsten
Westlichen Steppenwelt.

Die Rechte hat am Gürtel
Das Messer fest gefaßt,
Die Linke ruht im Grase,
Sie stützt des Körpers Last,

Auf seinem Haupte flattern
Die bunten Federn all,
Als wollten sie erheben
Den Häuptling von dem Fall.

So ruht der braune Krieger
Ein lebendes Gedicht —
Und schaut, mit Hohn im Blicke,
Dem Trapper ins Gesicht:

„Schlag' an, du schlechter Schütze,
„Der Friedensschwüre bricht,
„Ein Chippawaer Häuptling
„Erbebt vor Kugeln nicht.

„Doch schieße gut, triff besser,
„Das rath' ich ernstlich dir,
„Fehlt dein Geschoß, verfällst du,
„Treuloser Blasser, mir.‟

Der Trapper hebt die Waffe
Mit lachendem Gesicht,
Er zielt — der Hahn schlägt nieder,
Doch giebt er Feuer nicht.

Da fährt empor vom Boden
Der Chippawaer Held,
Und hat mit weitem Sprunge
Sich auf den Feind geschnellt.

„Jetzt bist du mir verfallen!"
Ruft er, „herab vom Pferd,
„Ist auch dein Scalp, du Feiger,
„Kaum einer Mühe werth."

Und in dem Sattel hängt noch
Der Steppenjäger halb,
Da schwingt schon Minka's Rechte
Empor den blut'gen Scalp.

— Aus seiner Kehle gellte
Ein heller Siegeston,
Dann auf des Trappers Falben
Flog eilig er davon.

Ruinirt!

„Weißt du, wer der Unhold der Erde ist? —
Es ist das Gold, das tückische Gold! —
Weißt du, wohin seine Herrschaft führt? —
Sie führt zum Ruin — du hast ihn gewollt.

„Wie warst du doch glücklich mit Weib und Kind,
Eh' dich das goldene Kalb bestrickt,
Als nur das Sonnengold dich umspann,
Ihrer Stimme Silberklang dich beglückt!

„Dann packt' dich der Schwindel, du wurdest reich,
Und immer mehr hast du spekulirt
Auf des Landes Unglück und Ruin,
Und hast dich nun selber nur ruinirt.

„Was nützet dir nun deines Hauses Pracht,
Deines Weibes fürstliches Gewand?
Der Mammon, dem du dein Herz geweiht,
Der bietet zur Rettung dir nicht die Hand.

„Wehe dir! — Weh' ihr! — Weh' dem armen Kind,
Das noch nichts von Gold und Sünde weiß,
Ruinirt und ehrlos! — Selbstmord wird
Nun des tollen Glücksritts trauriger Preis.

„Und wie steht dein Weib dort so thränenlos!
Der Bettelsack ihrer Treue Lohn,
Wie harmlos zu ihren Füßen spielt
Das schuldlose Kind — der Bettlersohn."

So raunte ins Ohr ihm der böse Geist,
Und plötzlich packt ihn der Wahnsinn an:
Er schleudert von sich des Weibes Hand,
Ein Schuß! — Ruh' in Frieden, du armer Mann!

Die schönen Augen*).

Nacht im Harem! Lichter schimmern,
Diamanten, nackte Leiber,
Tarabukka und Zumarah
Klingt zum Tanze üpp'ger Weiber.

Grinsend an der Thüre wachen
Schwertbewaffnet die Eunuchen;
Lächelnd, wie Egyptens Sonne,
Bringt Abana Opiumkuchen.

Omar gähnte, wenig Neues
Hatt' er heute noch zu hoffen,
Doch beim Anblick von Abana
Schaut er auf und sagt betroffen:

„Beim Propheten! niemals will ich
„Wieder zum Minister taugen,
„Sah ich je in meinem Leben
„Solche wunderbaren Augen!"

Sprach's und nahm vom Opiumkuchen
Lächelnd ein bescheiden Theilchen,
Gähnte wieder, winkte Ruhe
Und entschlief nach einem Weilchen.

Morgen ist's! Die Spatzen schreien
Nah' am Nil im hohen Rohre,
Turteltauben girren liebend
Hoch im Laub der Sycomore.

*) Nach dem Leben.

2*

Omar raucht sein Morgenpfeifchen.
Maschallah! wie stärkt die Kühle.
Maschallah! wie gut der Tabak.
Maschallah! wie weich die Pfühle.

Da erscheint der schwarze Hassan:
„Segne Gott dich Weisen, Guten,
„Gott erhalte deinen Schatten,
„Deine Hengste, deine Stuten!

„Herrin sendet dir den Salem,
„Der heut' Nacht dir Freude machte
„Und dich Weisen, Hochgepries'nen,
„Selbst aus deinem Gähnen brachte.“

Spricht's und reicht dem dicken Pascha,
Unter tiefem Nackenbiegen,
Eine schwere, gold'ne Schüssel,
D'rin Abana's Augen liegen.

So erzählte mir in Cairo
· Abu Sêd, der alte Schreiber;
Gute Seelen sind doch diese
Hochgepries'nen Moslimweiber.

———

Im Schnee.

Im blätterlosen, im öden Wald
Verirrt sich ein Kind, kaum sechs Winter alt.
Sechs Winter? — Es hatt' keinen Frühling halt.

Sein Kopf ist schwer, seine Füße matt
Es findet nicht heim zur Lagerstatt
Dieweil's weder Hütte noch Lager hat.

Gestorben ist längst sein Mütterlein
Und auch den Vater scharrten sie ein.
Der Todtengräber nahm's Hüttchen klein.

Sie wandert schon seit dem Morgenroth
Und sucht sich für ein: „Vergelt es Gott",
Im nächsten Dorfe ein Stückchen Brod.

Es zaust der Sturm ihr das schwarze Haar,
Es flattert im Wind wie ein Flügelpaar
Und ein Rabe ruft grüßend: Coar — Coar

Und sie zieht weiter, es fällt der Schnee,
Wie thut ihr das kleine Herz so weh':
Du schöne Welt Ade, Ade.

Sie setzt sich nieder und wickelt ein
In die Lumpen die Hände und Füße klein
Und betet noch: „Komm, o Jesulein!"

Dann kam der Traum, der sie heimwärts trug,
Und der Schnee, welcher liebend um sie schlug
Sein Christtagsgeschenk — das Leichentuch.

————————

Die Bettlerin.

Es war daheim! — Tief saß ich in Gedanken;
Rings Blüthenduft, rings Grün und Sonnenschein;
Auf meine Stirn bog schmeichelnd seine Ranken,
Als wollt' er küssen sie, der wilde Wein.

Ich träumte jugendlich vom Menschen=Lieben,
Von Tugend, Treue und Unsterblichkeit,
Von allen schönen, hohen, edeln Trieben,
Wie sie ein Dichter seinen Wesen weiht.

Da war es mir, als hört' ich leises Klagen:
„Sei still, mein Knabe, weine, weine nicht;
„Stolz ist und Noth mitsammen nicht zu tragen;
„Ich will ja betteln — aber weine nicht!"

Fort war mein Traum; des wilden Weines Ranken
Bog ich zurück — und sah ein junges Weib:
Gehüllt in Lumpen hatte sie den schlanken,
Den schönen, zarten, göttergleichen Leib.

Und ihr im Schooße lag ein bleicher Knabe,
Entwichen seinen Wangen war das Roth;
Er wimmert leise: „Mutter, Mutter, habe
„Erbarmen, gib — sonst stirbt dein Kind — mir Brod."

Wie Wahnsinn zuckt es da durch ihre Mienen,
Und trotzig, wie beim edlen Wüstenleu,
Blitzt auf ihr Auge, das erst sanft geschienen
Und, wie des Rehes Auge, gut und scheu.

Sie schnellt empor; des schönen Haares Fülle
Umwallt ihr edel, marmorbleich Gesicht:
„So sei es denn! — Ich bettle! — Herr, dein Wille
„Geschieht des Kindes, meinetwillen nicht!"

Und horch, ein Wagen rollt daher im Sande:
Die feine Welt schickt ihren feinsten Mann,
Daß in dem schönen, deutschen Vaterlande
Das Elend sich am Reichthum sonnen kann

Ein leiser Schrei! — das Kind empor gehalten,
Eilt sie heran: „Herr, siehe meine Noth,
„Mir stirbt mein Kind; o laß Erbarmen walten,
„Gib mir von deinem Reichthum etwas Brod!"

Der Mann erbleicht; dann schwillt auf seiner Stirne
Des Zornes Ader, und er schreit hinaus:
„Ha, überall?! — Ich kenne dich nicht, Dirne;
„Bring' deine Bälger in ein Findelhaus!"

Ein Schlag — ein Schrei! — vorüber saust der Wagen
Und mehrt im Park der stolzen Gäste Zahl;
Zu Boden liegt die Bettlerin geschlagen,
Und blutig flammt des Hiebes rothes Mal.

Sie schwankt empor — sie biegt sich zu dem Knaben,
Daß auf die Stirn ihr rothes Blut ihm rinnt:
„Für ihre Jungen," sprach sie, „sorgen Raben; —
„Das war dein Vater, armes todtes Kind!"

Drei Särge.
Frei nach dem Englischen.
Ballade.

Held Richard kehrt heim in stiller Nacht,
Nach errungenem Sieg, nach letzter Schlacht.

Es blutet die Brust, es zuckt sein Mund,
Der Lorbeergeschmückte ist todeswund.

„Gott grüß' dich, Mutter!" — „„Schön Dank, mein
Sohn!
„„Ein Erbe harrt dein seit drei Tagen schon."""

„Einen Sohn gab mir Gott? dem Herrn sei Ehr'!
„O Mütterlein, mir wird das Haupt so schwer!

„Ich hab' einen Erben! Gott, Dank sei dir! —
„O Mutter, bereite ein Lager mir.

„Raſſle nicht Rüstung und klirre nicht Schwert,
„Sie soll nicht ahnen, daß heim ich gekehrt."

Und als nun der Held auf dem Lager lag,
Ertönte der Mitternacht Glockenschlag.

Da schreckte sein Weib vom Kindbett empor,
Horcht hinaus in die Nacht mit seinem Ohr.

Und gellend ruft sie die Mutter herbei:
„O Mutter, was ist im Schloß für Geschrei?"

„„Vielleicht, mein Kind, sind die Kleinen erwacht,
„„Gedrückt vom Alpe der schaurigen Nacht."""

„Noch Eins, o Mutter, ich laß dich nicht los,
„Tönte nicht eben Gehämmer durch's Schloß?"

„„Vielleicht ist's der Tischler! — Meiner Treu,
„„Der legt die vermoderten Dielen neu.""

„O Mütterchen mein, mir wird so bang,
„Tönt's nicht durch die Hallen wie Grabgesang?"

„„Das sind wohl die Priester, die ziehn vorbei
„„Und singen die schaurige Litanei.""

„Habe Dank und sage: kehrt heim mein Mann,
„Welche Farb' leg' ich zu Ehren ihm an?"

„„Welche Farb'? — Gleichviel ob Blau, ob Roth,
„„Doch Schwarz paßt besser zur Kriegesnoth.""

„Ein schwarzes Kleid? Nun ja, wenn du meinst,
„Doch, Mütterchen, sage, weshalb du weinst?"

„„Ich meine, Kind, weil zu dieser Frist
„„Da draußen ein Held gestorben ist.""

„Ein Held? — O Mutter, das ist mein Mann,
„Bestelle die Gräber für Zweie dann,

„Und sorge mir auch, daß dicht dabei
„Ein Plätzchen noch für mein Bübchen sei."

Und Tag's darauf trug man aus dem Haus
Drei dunkle Särge zugleich heraus.

———

Zerſprungene Saiten.

Durch der Weltſtadt Nebelgaſſen
Iſt dein Geigenſpiel erklungen,
Und nun biſt du umgeſunken
Und nun iſt dein Lied verklungen.

Eine blaſſe Menſchenblume,
Die vom Stamm das Elend knickte,
Lehnſt du an den Marmorquadern,
Nothzerdrückte, Sturmzerpflückte.

An Neapels warmer Sonne
Wärſt du eine Schönheit worden,
Rabenlockig, adleräugig,
Und nun tödtet dich der Norden.

In der Hütte ſtand das Elend
Grinſend ſchon an deiner Wiege,
Und noch grinſt's dich an im Tode
Auf des Schloſſes Marmorſtiege.

Kalte Nebel, kält're Herzen,
Und dein Lied iſt ausgeſungen;
„Bell' Italia!“ ſchrie'n die Saiten
Und dann ſind ſie jäh zerſprungen.

Der Muſterſtaat.

Im Walde, wo der Ulmbaum ſteht,
Der Bergbach rauſcht, das Mühlrad geht,
Durch's Blättermeer Frau Sonne lacht,
Da hält klein Gretchen Gänſewacht.

Von gelbem Haar und blauem Aug',
Scheint sie ein kleines Gänschen auch,
Versteht der Vogelsprache Sinn
Und nennt sich Gänsekönigin. —

Ihr Szepter ist ein grüner Zweig,
Der grüne Wald ihr weites Reich,
Ihr Krönlein ist ein grüner Kranz,
Und Kammerfrau die größte Gans.

So thront sie unter'm Ulmenbaum:
Daß sie regiert, man merkt es kaum,
Und sieht es doch, daß sie's versteht,
Weil Alles so am Schnürchen geht.

Ihr Hofpoet, Herr Gänserich,
Singt ihr was vor, langweilt sie sich,
Und stets ist seines Liedes Sinn:
„Gott schütze uns're Königin!“

Hofsäng'rin Grille singt vom Blatt
Ein Loblied ihrem Musterstaat,
Und wenn sie Abends schlafen geht,
Schließt sie ihr Volk in ihr Gebet.

———

König Frosch.
Eine Fabel.

Es war einmal ein Frosch im Teich,
Der hatte besond're Courage
Und sprach zu seinen Mitfröschen kühn:
„Eure Feigheit ist eine Blamage!

„Kaum kommt der Storch, so rückt ihr aus
„Und selbst vor dem kleinsten Buben
„Ergreift ihr feige das Hasenpanier
„In die sturmsichern Wasserstuben.

„Da seht mich an, durch Feld und Wald
„Zieh' ich voll Zornesschnaufen,
„Doch Alles läuft entsetzt davon,
„Kein Mensch will mit mir raufen.“

Die kühne Rede des Meisters Frosch,
Erfreute die Andern nicht wenig,
Und sie erwählten ihn sogleich
Zu ihrem Redner und König.

Jetzt war's ihm wohl in seiner Haut,
Er thät' ein Leben führen
Wie Gott vormals im Frankenreich,
Er ging spazieren, flaniren.

Es war der fröhlichste König Frosch,
Sein Glück machte nie eine Pause,
Und fraß der Storch sein gutes Volk,
War Majestät nicht zu Hause.

So traf er einmal im nahen Wald
Drei heit're junge Kätzchen,
Die schlugen spielend nach dem Frosch
Mit ihren gepolsterten Tätzchen.

Da sprang der Tapf're entsetzt davon
Und hatte noch Spott zum Schaden:
„Bah,“ rief er, „ich wollte den Königsmord
„Nur auf ihr Gewissen nicht laden!“

*

Das sind die Rechten, die mit Geschrei
Stets an den Säbel schlagen
Und doch mit aller Rederei
Keine Katze vom Ofen jagen.

Vereint.

Bei Weißenburg im Walde ruht,
Mit friedlicher Martyr-Geberde,
Auf der Brust das Ehrenzeichen von Blut,
Ein Held auf blumiger Erde.

Es ist ein bayrischer Soldat,
Der brachte viel Feinden Verderben,
Bevor sich der Wunde geflüchtet hat,
Im grünen Walde zu sterben.

— Hier in dem heil'gen Dämmerlicht
Umweben ihn fromme Gedanken,
Wie Epheu, Winden, Vergißmeinnicht
Wurzeln und Stämme umranken.

Und sieh' - ein Zweiter wankt daher,
Des Antlitz noch lächelt im Harme,
Er stützt sich schwer auf das Dreysegewehr,
Der Helm schwankt an seinem Arme.

Das ist ein wunder Preußenheld,
Welcher focht an des Berges Halde,
Er zieht sich zurück aus dem Ehrenfeld,
Um auch zu sterben im Walde.

Und zu dem Andern sinkt er hin:
„Gott grüß' dich, Kam'rad, hier im Grünen!
„Hat die Sonne, die Segenspenderin,
„Dir auch zu freundlich geschienen?"

„Grüß' Gott, Kam'rad," der Bayer dankt,
„Sag' an, wie der Kampf sich gewendet?"
„„Der Sieg hat nur 'ne Minute geschwankt,
„„Die Schlacht ist gewonnen, beendet.""

„Gelobt sei Gott, daß er gewandt
„Vom Vaterland Leib und Verderben,
„Du braver Kam'rad, wo ist deine Hand?
„Nun kann ich im Frieden sterben."

„„Hier meine Hand, o Bruder mein,
„„Wie ist es so schön doch geworden,
„„Zu sterben heute in solchem Verein,
„„Beweint von Süden und Norden.

„„Gott segne dich, lieb' Bruderherz,
„„Wir haben uns lange gepeinigt,
„„Gott segne auch den läuternden Schmerz,
„„Der feindliche Brüder einigt.""

Und heil'ger Himmelsfrieden sank
Auf ihre zerschossenen Glieder,
Ein Wölkchen weinte mit leisem Klang
Seine Thränen auf sie nieder.

So sind die Brüder Hand in Hand
Zum himmlischen Vater gezogen,
Und eine Versöhnungsbrücke spannt
Ueber sie der Regenbogen.

―――――

Zum Sammeln.

Ein heller Hornruf klingt durch die Nacht:
„Zum Sammeln, zum Sammeln, Reiter!"
Es horcht und rafft sich gewaltsam empor
Manch' todeswunder Streiter.

Er fährt mit der Hand nach Kopf und Brust
Und murmelt mit Schmerzgeberde:
„Das ist die Posaune des jüngsten Tags!"
Und sinkt dann todt zur Erde.

Und lang ist der Trompeter allein
Und bläst: „Zum Sammeln, zu Pferde!"
Dann hört er es wiehern und Roßhufschlag
Erschüttert rings die Erde.

Da lacht das Herz in der tapfern Brust
Dem lange einsamen Streiter,
Und immer lustiger jubelt das Horn:
„Herbei, herbei, ihr Reiter!"

Und immer lebend'ger wird's ringsum
Und lauter erdröhnt die Erde,
Es fliegen von allen Seiten herbei
Die reiterlosen Pferde.

Gar Viele sind, wenn auch todeswund,
Entflohn der Schlacht, dem Verderben,
Sie hinken herbei, dem Hornrufe treu,
Am Sammelplatz zu sterben.

Und aus dem Aug' des Trompeters rollt
Eine Thräne auf die Erde,
Er weint um todte Kam'raden und
Um die sterbenden Pferde.

Weihnachtstraum.
(1870.)

Kalte Nacht! — Am Bivouakfeuer
Ruhen müde, deutsche Streiter.
Kalte Nacht! — Zur Heimath fliegen
Von Paris gespenst'ge Reiter!

Die mit treuem deutschen Herzblut
Rothgefärbt die wälsche Erde,
Steigen in der heil'gen Christnacht,
Aus den Gräbern auf die Pferde.

Auf dem Kopf die Lorbeerkränze,
Auf der Brust das Kreuz von Eisen,
Ziehen die gespenst'gen Reiter,
Und es tönen solche Weisen:

„Liebe ruft uns, Heimweh treibt uns,
„Keine Ferne kann es hindern,
„Unaufhaltsam, vorwärts, vorwärts,
„Zu den Weibern, zu den Kindern.‟

„Nebel wallen, Flocken fallen,
„Vorwärts, vorwärts ohne Säumen!
„Zu den Weibern, zu den Kindern
„Und den deutschen Weihnachtsbäumen.‟

Durch die eisigkalte Sturmnacht,
Zieh'n die bleichen Nachtgespenster,
Und mit leisen Geisterschritten
Treten sie daheim an's Fenster.

Legen sich als weiche Flocken
An die kalten Fensterscheiben,
Blicken mit den Geisteraugen
Drinnen auf der Menschen Treiben.

Um die Hütten und Paläste
Wallen die gespenst'gen Reiter,
Alles Glück und alles Elend
Sehen die gefall'nen Streiter. —

Wo im Glanz des üpp'gen Reichthums
Man vergaß der Armuth Schmerzen,
Wo die heil'gen Weihnachtskerzen
Nicht erwärmen kalte Herzen,

Wo sie nicht das Elend lindern,
In der Ferne, in der Nähe,
Ruft der Geisterchor sein traurig:
„Weh dem Reichthum, dreimal Wehe!

„Weh den winterkalten Herzen
„Die nicht auf in Milde thauen!
„Weh den Reichen, denn sie werden
„Nimmer Christus' Himmel schauen.‟

Und verhüllten Hauptes wenden
Sie sich zu des Elends Hütten,
Wo mit frosterstarrten Händen
Nur um Tod die Armen bitten,

Wo kein Licht, kein traulich Feuer
Durch die kalten Fenster leuchten,
Wo mit bittern Kummerthränen
Sie ihr letztes Brod befeuchten;

Wo man weint um den Ernährer,
Der im fernen Feld gefallen,
Wo des Elend's bange Seufzer
Durch die öden Räume hallen.

Und die Geister, die als Flocken
Weich sich an die Fenster legen,
Flüstern leise: „Fried' sei mit euch,
„Gottes Segen, dreimal Segen.

„Segen euren armen Herzen,
„Gottes Segen ungemessen,
„Tiefen Schlaf den müden Lidern,
„Tiefen Schlaf und leicht Vergessen!"

Und es kommt der milde Engel
Mit dem weichen Nachtgefieder,
Hängt sich an die müden Lider,
Senkt sich auf die müden Glieder,

Und sie sehen wonneschaudernd,
Weihnachtsglanz in ihrer Hütte,
Und den fern erschlag'nen Vater
Wiederum in ihrer Mitte. —

Und zur mitternächt'gen Stunde,
Wenn die Geister heimwärts wallen,
Hört man durch die stille Weihnacht
Diesen leisen Mahnruf hallen:

„Gebt den Armen, gebt den Armen!
„Ehret so die für euch starben,
„Laßt an keinem Weihnachtsabend
„Die von uns Verlaff'nen darben.

„Gebt den Armen, gebt den Armen!
„Laßt den Mahnruf nicht erneuern,
„Denn der Gott, der ewig milde
„Schützt dafür im Feld die Euern.

„Trost sei Allen, die im Felde
„Vater, Bruder, Sohn verloren,
„Ward euch doch der deutschen Einheit
„Heil'ger Christ dafür geboren. —

Auf blutigem Schlachtfeld *).

Blumenliebe.

An Baches Rand, mit wundgeschoss'ner Brust,
Die Lippe blutlos, liegt ein blasser Knabe,
Allein lebendig in dem off'nen Grabe
Ist er des sichern Todes sich bewußt.

Hoch in den Lüften krächzt bereits der Rabe,
Er hat an blut'gen Todten seine Lust,
Und rings lacht ihm im grausen Leichenwust
Für viele Tage eine blut'ge Labe.

Nicht kümmert's ihn, den jungen, bleichen Degen —
Er pflückt sich Veilchen trotzend seinem Leiden
Und führt sie lächelnd an die welken Lippen,
Als wolle er den Duft von ihnen nippen,
Dann sieht man ihn sich matt zur Seite legen
Und hört mit dumpfem Schmerzlaut ihn verscheiden.

Der letzte Gedanke.

Nicht weit davon bei seinem todten Pferde,
Liegt, von des Lebens rothem Quell begossen,
Ein Reiterführer in den Kopf geschossen,
Kalt, starr und todt auf blutgetränkter Erde.

------

*) Aus dem letzten amerikanischen Kriege.

Abseits von seinen todten Kampfgenossen
Ruht er, wie fern der Leitstier von der Heerde,
Ernst wie Gebet ist dieses Mann's Geberde,
Starr jeder Zug, gleichwie in Erz gegossen.

Die Hände hält er auf der Brust zusammen,
Und von den Fingern krampfhaft eingeschlossen,
Von seinem Herzblut reichlich übergossen,
Sieht man im Sonnenstrahl ein Bildchen flammen.
Es war ein Heil'genbild dem armen Sünder:
— Sein Weib stellt's vor und die verlass'nen Kinder. —

Le dernier Adieu!

Und fern von dem, am grünen Hügelrande,
Liegt wieder starr und todt ein junger Reiter,
Ein wilder, löwenmuth'ger Freiheitsstreiter,
Der her zum Kampfe kam aus fernem Lande.

Wie ist sein Antlitz noch im Tode heiter,
Als wär' er ledig jetzt jedweder Bande,
Als stände er im deutschen Vaterlande
Hoch oben auf erstürmter Siegesleiter.

Ein blutig Blatt aus einem Buch gerissen,
Sieht man im Winde weh'n von seinem Hute,
Darauf geschrieben stand mit frischem Blute:
„Lass', Kamerad, dem fernen Deutschland wissen,
„Daß ich, auf blut'gem Feld, für Licht und Recht geblieben
„Getreu dem Vaterland und meinen Lieben!"

Er lässt die Fahne nicht.

Und nah' dabei ein schwarzer Unionstreiter,
Ihm ist die Stirne bis zum Aug' gespalten,
Und doch hat er die Fahne festgehalten,
Fest gegen eine Unzahl wilder Reiter.

Die Finger, die den Fahnenstock umkrallten,
Hieb von der Hand ihm ein „secession fighter",
Doch mit der Fahne zog der Feind nicht weiter,
Mit seiner Linken hat sie Sam gehalten.

Dann, schrecklich wie beim Nachtmahl die Hyäne,
Schlug er in's Fleisch dem Gegner seine Zähne;
So warf er — waffenlos — den Feind zur Erde!
Hin über beide rasten nun die Pferde,
Und ein Rebell hat Sam den Kopf gespalten,
Doch seine Fahne hat kein Feind erhalten.

Einfarbig-roth.

Sie ist ein blutig Leichenlaken worden —
Todtfeinde strecken d'rauf die wunden Glieder,
Auf Stern' und Streifen träuft ihr Blut hernieder,
Müd' sind Rebell und Neger nun vom Morden.

Auf beide senkt der Geier sein Gefieder,
Im Tode sind Todfeinde einig worden,
Auf einer Fahne ruhen Süd und Norden,
Als wären sie von einer Kette Glieder.

Der Edelmann, der weiße, hochgeborne, —
Der Sklav', der schwarze, der im Staub verlorne,
Sie ruhen Brust an Brust im Abendroth,
Versöhnt hat sie der Friedensrichter Tod. —
Die Tricolore, die den Streit entfacht,
Hat beider Blut einfarbig=roth gemacht.

An Bogumil Dawison,

als ich von ihm sein Portrait erhielt.

Für dieses Bild weiß ich Dir tausend Dank,
Nur forb're nicht, daß ich's vor Augen hänge,
Ich liebe nicht das eitele Gepränge
Mit deines hohen Namens hohem Klang.

Ersetzt Dein Bild doch nicht die heiter'n Klänge
In des „Bonjour's" volksthümlichen Gesang,
Ersetzt „Othello" nicht, der pantherschlank,
Vor uns erschien im gold'nen Wehrgehänge. —

Was ist ein Bild, was ist ein todtes Wort?
Was nützt das Träumen mir vor Deinem Bilde?
Verschwunden sind die lieblichsten Gebilde

Der Phantasie — denn Du zogst wieder fort,
Als Sieger zwar mit ruhmbedecktem Schilde,
Doch todt für uns — so todt wie hier im Bilde.

Zum Geburtstage Ihrer Majestät der Königin Olga von Württemberg.

Der Königspurpur heilt gar selten Wunden,
Die uns — dem Volk — der Fürsten Machtwort schlägt!
Heil dem, der so wie Du den Purpur trägt
Kriegsopfern Balsam spendend zum Gesunden.

Der ew'ge Gott, der unf're Thaten wägt,
Belohne Dich dafür mit solchen Stunden,
Die Deinem Volk vergönnen zu bekunden
Wie warm es Dich in seinem Herzen trägt.

Still betend heben wir zum Herrn die Hände,
Daß er von Dir jedweden Kummer wende,

Jedweden Stein Dir aus dem Wege räume,
Dir jeden Steg mit Sonnengold umsäume,

Jedwede Wolke Deines Himmels lichte
Und Deinem Schlaf selbst holde Träume dichte.

Den holden Frauen.

Bin ich nicht „Frauenlob", so lieb' ich doch
    Die Frauenaugen, welche freundlich schauen;
Ich lobe gern ein zartes Frauenbild,
    Mein Herz und Lied gehört den holden Frauen.

Ich glaube nicht dem Wort des Weiberfeinds:
    „Verwahre dich, den Schönen zu vertrauen,"
Ich traue — selbst betrogen — allen doch;
    Mein Herz und Lied gehört den holden Frauen.

Ich möchte meines Herzens schönsten Traum
    Ganz unverzagt auf Mädchenschwüre bauen,
Vertrauen weckt Vertrau'n, sie trügen nicht;
    D'rum ist mein Herz und Lied den holden Frauen.

Ihr tadelt mich, daß meine Liebchen sind
    Vertheilt in aller Herrenländer Gauen!
Ist es Beweis nicht, daß mein großes Herz
    Und Lied zu eigen ist den holden Frauen?

Liebt und besingt ihr bunte Blumen nicht
    Auf eurer Heimath blüthenreichen Auen?
Ich lobe mir der Menschheit Blüthenflor —
    Mein Herz und Lied gehört den holden Frauen.

Begräbt man mich auch nicht wie „Frauenlob,“
Läßt doch ein Weiberauge wohl bethauen
Mit Thränenperlen meinen Leichenstein,
Da Herz und Lied gehört den holden Frauen.

———

Allmacht des Herrn.

Vor deiner Allmacht, Herr,
Wird Finsterniß zum Licht,
Der Sonnenstaub verirrt
Vor deinem Blick sich nicht!
Was blöde wir erschau'n
Wie Traumgesichte,
Das formt dein Wink, o Gott,
Zur Weltgeschichte.
Kein Würfel fällt,
Kein neuer Stern erglüht,
Den nicht, Allwissender,
Dein Auge sieht.
Das Kleinste ist, o Herr,
Vor dir nicht klein,
Das Größte kann vor dir
Nur nichtig sein!
Dein Götterwink
Lenkt diese ganze Welt,
Die nur dein Götterblick
Zusammenhält.
Schließ'st zürnend du
Dein Strahlenauge je,
So rollt das Weltall fort
Aus deiner Näh',
Verglüht, erlischt,

So wie ein Funke stirbt,
Der in dem Wasserschwall
Des Oceans verdirbt.
Das Alles du!!!
Und ich, ich sollte zagen,
Wo deine Winke
Ew'ge Welten tragen?!

Am Lichte.

Auf den Blättern der Rebe spielt Lampenlicht,
Ich sitze und träume ein Frühlingsgedicht,
Da schwirrt mir um's Haupt ein Käferlein
Und sonnt sich verliebt im Lampenschein.

Es umgaukelt spielend das heilige Licht,
Schwirrt eifersüchtig mir um das Gesicht,
Fühlt nicht die Kühle der stillen Nacht,
Das süße Licht hat es toll gemacht.

Es hört nicht, wie brummend sein Weibchen ruft,
Es fühlt nicht die kühle balsamische Luft,
Wider die kalte, lichthelle Wand
Hat es summend und surrend den Kopf gerannt.

Nicht Mondenschein und nicht Blüthenduft,
Nicht belebender Thau in duftschwang'rer Luft
Machen es froh, es umkreist das Licht
Und sieht den Tod in dem Lichtmeer nicht.

Und enger und enger zieht es den Kreis,
Es dehnt sich die Brust ihm liebesheiß,
Und eh' es erreicht meine rettende Hand,
Stürzt es in's Licht und ist verbrannt,

So ist es mit Liebe und Poesie —
Wir Dichter meiden die Flammen nie;
Zwei leuchtende Augen in stiller Nacht
Haben schon Manchen toll gemacht.

An Dich.

I.

Träume meinen schönsten Traum
Wenn ich dir in's Auge seh',
Liebesgluth und Poesie
Wohnt in deiner holden Näh'.

Laß mich ruh'n an deiner Brust,
Nirgends ruht es sich so süß,
Nirgends träumt sich's hold, wie hier,
Vom verlornen Paradies.

Bist mein Glück, du lieblich Weib;
Laß mich küssen diese Hand,
Die zuerst mit leisem Druck
Deine Liebe mir gestand.

Laß mich küssen diesen Mund,
Der so warm von Liebe spricht;
Weib, du bist vom Kopf zur Zeh'
Ein lebendiges Gedicht.

Herz, mein Herz zerspringe nicht,
Herz, mein Herz, sei stark wie sie,
Herz, mein Herz, sei goldner Schrein
Diesem Bild der Poesie.

Laß mich küssen Aug' und Stirn,
Laß mich küssen deinen Fuß,
Glühend küssen, wenn ich auch
Nach dem Kusse sterben muß.

II.

Ich hab' an dein braunes Auge gedacht
Bei'm Scheinen des Tags und im Dunkel der Nacht,
Und wenn ich geschlafen, dann träumt' ich so hold
Von deines Haares tiefdunklem Gold.
Und ich hörte im Traum deiner Stimme Klang
Und sah dich erscheinen mit munter'm Gesang
Und wenn ich dich grüßte, dann hast du gelacht
Und hast mir gezeigt deiner Zähne Pracht.

Dann sah ich — im Traume — dein lieblich Gesicht
Erglüh'n von der Liebe poetischem Licht,
Und das Roth deiner Wangen, es strahlte zurück
Und strahlte in's Herz mir unendliches Glück.
Doch wenn ich erwachte, dann war es gescheh'n,
Ich hab' dich im Arm eines Andern gesch'n —
O, Palme des Südens, so groß ist mein Haß,
Daß ich dich noch liebe ohn' Unterlaß.

Einer „Grille".

Die Grille zirpt im Sommer nur
Ihr lustig Morgenlied;
Du aber bist ein Grillchen, das
Auch Winternachts sich müht.

Das emsig, mit stets munter'm Ton
Der Grille Weisen bringt,
Und uns in schnee'ger Winternacht
Von Sommerfreuden singt.

O schrille, reizend Grillchen, doch
Recht oft dein einfach Lied,
Damit die Kunst= und Winter=Noth
Auf Stunden uns entflieht.

Wenn auch dein Zirpen, Heimchen, hier
Manch' graues Haupt verletzt;
In uns're jungen Stirnen hast
Du Grillen doch gesetzt.

Einem „Gretchen".

Du gleichst der weißen Rose,
Die trauernd am Wege steht,
Der Rose, von welcher klagend
Die Nachtigall Liebe fleht.
  Ich möchte dich umfangen
  Und küssen auf den Mund,
  An beinen Blicken hangen
  Und schauen mich gesund.

Könnt' ich mich zu dir biegen
In warmer Maiennacht,
Mein schönstes Lied dir singen,
Bis lächelnd du erwacht.
  Ich würde dich umfangen 2c. 2c.

Und wärest du umwoben
Von einem Traumgesicht,
Worin du andre liebtest,
Ich zürnte dennoch nicht.
  Ich würde dich umfangen 2c. 2c.

Und wenn die Blätter fielen
Zum kühlen Grund hinab,
Dann würde die Nachtigall klagend
Sterben auf deinem Grab.
     Ich möchte dich umfangen 2c. 2c.

Armer Muth!

Was And're sich in Jahren nicht erringen
    Nahm ich in Stunden;
Ich pflückte Blumen, die am Abgrund hingen,
    Und riß mir Wunden:

Warum die Anderen zeitlebens rangen,
    Das stürmt' ich schnelle:
Ich reimte Lieder, die wie Spottwort klangen,
    Am Thor der Hölle:

Man schlug mir Wunden, die gar lange brannten,
    Bei diesen Kämpfen;
Mein hieß ich Freunde, die mich tollkühn nannten,
    Den Muth zu dämpfen:

Nie hatte Furcht mein Männerherz bezwungen,
    Nie Angst und Zagen;
Ich hatte mein Geschick zum Grund gerungen
    Mit ernstem Wagen:

Da schaut' ich in dein Auge, Lotusblume,
    Und bin eröthet;
O Mädchen, du hast deinem Eigenthume:
    Den Muth getödtet.

Mein Muth erstarb, wie fernes Gläserklingen,
Rost deckt die Waffen;
Ich kann nur arme Liebeslieder singen,
Mir Ruh' zu schaffen.

Ave Maria.

Wenn Morgens die junge Sonne küßt
Des Berges schneeige Firne,
Erhebe ich lächelnd vom Lager mich
Und neige betend die Stirne:
Ich danke dir, Gott, für den Frieden der Nacht,
In welcher dein Auge mich gnädig bewacht!
Ave Maria!

Und kam dann der Mittag mit hoher Gluth,
Und hatt' ich die Arbeit vollendet,
Dann hab' ich mein betend Angesicht
Empor zum Himmel gewendet:
Ich danke dir, Vater, für Speise und Trank,
Und sage für Arbeit und Ruhe dir Dank.
Ave Maria!

Wenn dann zum Westen die Sonne ging
Und holde Nachtigall'n sangen,
Dann bin, auf geheimen Waldespfad,
Ich zu dem Liebchen gegangen.
Dort hab' ich gekniet in Schmerz und in Lust
Und habe gebetet an ihrer Brust
Ave Maria!

Brennende Liebe.

Ich habe „brennende Liebe" gesucht,
Die blühte tiefroth auf den Höh'n,
Wo die Sonne sie küßt mit voller Gluth
Und wo sie schüttelt der Föhn.

Wie stand sie dagegen so bleich im Thal,
Geschützt gegen Sonne und Wind,
So gespenstisch bleich, wie des Nachts im Thal
Die brauenden Nebel sind.

Die verwasch'ne Liebe im stillen Thal,
Vergleich ich der Liebe der Eh',
Der leidenschaftslosen, die fade ist,
Wie ein ästhetischer Thee.

Doch die „brennende Liebe" auf der Höh'
Ist wie meine Liebe zu dir:
Heiß wie die Sonne und wild wie der Föhn.
Und süß, wie der Malvasir.

Das Dichterherz.

Fragt mich nicht, warum ich schwanke?
Dichters Herz ist wie ein See.
D'rüber schwebt in Lust und Weh'
Der beflügelte Gedanke.
Gaukelt er von dem zu dem,
Ist's allein der Sturm des Lebens,
Gegen dessen stärk'res Weh'n
Er die Flügel stemmt vergebens.

1.

Dichters Herz ist wie das Meer!
Hat, wie dieses, Sturm und Stillen,
Ist, wie dieses, unergründlich,
Kennt, wie das, nur Gottes Willen.

Dichters Herz ist wie das Meer!
Hat, wie dieses, Bänke, Riffe,
Trägt, wie dieses, schwere Lasten.
Dennoch — Schiffer — wahrt die Schiffe.

Dichters Herz ist wie das Meer!
Unerforscht und unerrathen
Ruht, vor jedem Auge sicher,
D'rinn sein Wollen, seine Thaten.

Dichters Herz ist wie das Meer!
Zwischen Algen und Korallen
Liegen Gold und Edelsteine,
Die auf seinen Grund gefallen.

Dichters Herz ist wie das Meer!
Hütet euch, es birgt auch Haie!
Manche Falsche fand bei'm Tauchen
Statt der Perlen: Spott und Reue.

2.

Habe in das tiefe Meer
Manchmal meinen Haß versenket,
Habe in dem stillen See
Oftmals meinen Zorn ertränket.

Manche Zähre stillen Leid's
Ist auf seinen Grund gefallen,
Manche schöne Hoffnung liegt
Drinnen unter den Korallen.

Manches Wort, das giftig traf,
Aus der Bosheit faulem Munde,
Liegt, ein nackter Todtenkopf,
Unverweslich auf dem Grunde.

Eine Rose, die der Wind
Mir zu früh vom Stamm gerissen,
Schläft bei Algen hier im Meer,
Denn ich konnte sie nicht missen.

Mancher Mann, den ihr verwarft,
Wohnt darin in aller Ehre;
Mancher Stern, der unterging,
Lächelt mir aus meinem Meere.

Manche Perle aber auch
Wurde mir daraus gestohlen,
Heute wachen meine Haie,
Wenn sie Perlen wollen holen.

3.

Die Liederperlen in des Herzens Tiefe
Sind arme Perlen, die kein Schach'rer will,
D'rum, liebe Perlen, liegt auf kühlem Grund
Nur immer still.

Ich halte euch, als wär't ihr Edelsteine
Und schlinge lächelnd euch um Liebchens Stirn,
Dort liegt ihr rosig, wie der Himmelsschnee
Auf hoher Firn.

Sie aber selbst liegt, als der Perlen schönste,
In meines Herzens tief verschwiegnem Grund,
Und küßt aus seinem Schlaf mein schönstes Lied
Mit süßem Mund.

Der Haifisch „Eifersucht" bewacht die Pforte
Zu dieser Perle — laßt die Perle mir! —
Wird sie geraubt mir, schließt der Tod zu spät
Die Herzensthür.

Der Nachtigall letztes Lied.

Im Hain spielt lichter Mondenschein,
Die Blätter zittern im kühlen West,
Es schlafen längst die Waldvöglein
Bei ihren Jungen im weichen Nest.
Ein Sprosser nur, das Haupt gesenkt,
An sein verstorbenes Weibchen denkt:
　　Züküt, Züküt, Züküt!
　　Ich liebte dich, so inniglich;
　　So inniglich, so minniglich,
　　Nun bist du todt. Züküt.

Der Hain ist nun so einsam mir,
Die Rose mir an Duft so arm,
Was soll ich armer Sprosser hier
Dem Monde klagen den bittern Harm?
O, wäre ich am Morgenroth
Doch auch mit meinem Weibchen todt!
　　Züküt, 2c. 2c.

Da hat er zitternd sein Haupt geneigt,
Und als verklungen der letzte Ton,
Hat sich des Frühroths Licht gezeigt.
Die Berge küßte die Sonne schon,
Und im leise verhallenden Echo klang
Des sterbenden Sprossers letzter Gesang.
    Züküt, 2c. 2c.

Der Wandelstern.

Seit ich dir ins Auge sah,
Treibt's mich rastlos in die Ferne,
Deiner Augen ruh'ge Sterne
Machten mich zum Wandelsterne.

Ueberall, wie dem Geschick,
Folg' ich einer fernen Sonne,
Tief im Herzen Wonneschmerzen,
Tief im Herzen Schmerzenswonne.

Ruhelos in fester Bahn
Zieh' ich in die ew'ge Ferne,
Und du ahnst die Sternenliebe
Kaum von deinem Liebessterne.

Wenn er einst im Raum verlischt,
Aufgelöst in Schmerz und Wonne
Weißt du erst, o Sonnenauge,
Daß du seiner Augen Sonne.

Du Nixenauge.

Seitdem ich dir in's Auge sah
Träum' ich kuriose Träume
Von Nixenspuk und Elfentanz
Durch zauberhafte Räume. —

Es scheint der Mond, der Glühwurm zieht,
Leise rauschen die Bäume,
Ich lieg' im grünen Tannenwald
Und denke dein und träume:

Es klagt im Hain die Nachtigall
Wunderbare Makamen,
Und aus dem süßen Liederschwall
Hör' ich nur deinen Namen.

Du bist die Elfenkönigin
Gaukelnd auf Mondesstrahlen,
Es blitzt dein braunes Nixenaug'
Und lächelt meiner Qualen.

Dein Aug' ist wie ein tiefer See,
Nieder tauch' ich zur Stunde
Und bringe Liederperlen dir
Hervor aus seinem Grunde.

Doch ach, mich heilen Lieder nicht
Und wenn ich tausend schriebe,
Verhext hat mich dein Nixenaug'
Und ich bin krank vor Liebe.

———

Ein gefallener Stern.

Ich sah dich flattern im Frühlingsschmuck,
Du warst so farbenduftig,
Dein Auge war damals so sonnenschön,
Dein Athem so maienluftig.

Du gaukeltest harmlos, ein Schmetterling,
Vorbei an Veilchen und Rosen,
Du ließest vom warmen Frühlingshauch
Die bunten Schwingen dir kosen.

Es kam der Sommer mit hoher Gluth,
Er sengte Blüthen und Blätter,
Und donnernd über das Hochgebirg
Entluden sich rasende Wetter;

Da hattest du, armer Schmetterling,
Kein Blättchen, um dich zu schützen,
Es schreckte der Sonne Glühen dich
Und des Himmels zürnendes Blitzen.

Und eines Morgens verhauchtest du
Die frühlingsduftige Seele,
Als mit des Sommers Ende verklang
Das Nachtlied der Philomele.

Du armes, verlornes Frauenbild,
Wie bist du schwer zu beklagen,
So farbenlieblich im Frühlingsschmuck
So todt in den herbstlichen Tagen.

Extase.

(1860.)

Schäume und perle, du feuriger Wein,
Fülle mir golden das funkelnde Glas,
Fülle die Brust mir, du köstliches Naß;
Nur für die Liebe laß Platz d'rin sein!

Hebe mich hoch, du goldiger Wein,
Hoch zu dem fernsten und schönsten Stern;
Fern von der Welt und dem Hasse fern,
Lasse mich trunken und glücklich sein!

Mache mich taumeln, du duftiger Wein;
Bin dann ja selig und fröhlich und frei;
Glaube im Rausch doch mein Liebchen treu,
Glaube im Rausch doch Poet zu sein!

———— · ———

Gluthentod.

Sieh, mich treibt's nach deinem Hause
Abend's, wenn die Sterne blinken,
Und wenn Andre Bacchus huld'gen
Möcht' ich dir zu Füßen sinken.

Möchte dir verborg'ne Falten
Meines Dichterherzens zeigen,
Und, dir Liebesmärchen flüsternd,
Mich zu deinem Ohre neigen.

Ach und du bist so beschäftigt
Schlechte Rollen zu studiren,
Um der Welt was weiß zu machen
Und dich selbst zu persifliren.

Weiß nicht mehr, was wahr, was falsch ist,
Was mich anzieht, jagt mich wieder
Und vielleicht bin ich ein Gimpel,
Trotz der lust'gen Lerchenlieder.

Aber nein, denn zu vergleichen
Bin ich nur der Ephemere,
Die, vom Tod gelockt, den Glanz sucht
Deiner Feuer=Athmosphäre.

Gieb mir Vergessen, Herr!

Gieb mir Vergessen, Herr, und dann nichts mehr;
O, laß von deinem milden Sternenheer
Mir Frieden in die wunde Seele strahlen.

Herr, was verbrach ich? Beugt' ich nicht das Knie
Vor dir, wenn ich mit meiner Poesie
Ihr Bild — das Ebenbild der Gottheit — schmückte?

Du kannst nicht zürnen, Herr, denn wer sie liebt
Ist nur dein Bote, welcher weitergiebt
Die reichen Spenden deiner Himmelsgnade.

Du bist die Liebe! — Nimmer liebeleer
Umfängst du deine Menschheit mit dem Meer
Aus dem entsprungen Venus=Aphrodite.

O blinder Unverstand, o Kleinlichkeit,
Die Alles mißt nach Elle, Pfund und Zeit,
Die auch die Liebe will nach Stunden messen!

Gieb mir Vergessen Herr, und dann nichts mehr!
Der Rest ist Schweigen, denn das All ist leer
Nichts will ich mehr — Vergessen nur, Vergessen!

Gluthaugen.

Gluthaugen, eure Sterne sind mir ein Sonnenbild;
O seid mir nimmer ferne, glänzt immer warm und mild;
Seid nicht Egyptens Sonne, in ihrem Sommerglüh'n,
Seid Deutschlands Frühlingssonne, d'rin blaue Veilchen
blüh'n.

Die schwarzen Augenwimpern sind mir ein Wolkenbild,
In welche schwermuthstrübe die Sonne sich verhüllt;
Seid nicht die Regenwolke, die Thränen niederthau't,
Seid nicht die Donnerwolke, die blitzesschwanger grau't.

Du kühne Augenbraue, die Sonn' und Wolke umspannt,
Bist wohl die kühnste Brücke, die je geseh'n ein Land;
Du spannst mit deinen Bögen ja ihre Gedanken ein;
Und wie sind alle Bauten doch gegen Gedanken so klein.

Die wunderbaren Lieder, die ausgedacht mein Hirn,
Sie sind ja all' entsprungen aus deiner schönen Stirn;
Und deine Augenbrauen, kühn d'rüber hingestellt,
Sind meine poetische Brücke zu deiner Gedankenwelt.

Heidnisch.

Ich bin wie ein lustiger Wanderbursch
Durch die weite Welt gezogen
Und manches stolze Weiberherz
Ist mir entgegengeflogen.

Ich habe gekniet vor dem Bild zu Sais.
Und hab' nach Wahrheit gerungen,
Und manche gute Saite hat
In meinem Innern geklungen.

Es hat „unsre Frau von Guadelupe"
Mich angelächelt voll Gnade,
Doch war die fromme Frau von Stein,
Ach das war Jammer und Schade.

Dann sah ich dich, die vom hohen Olymp
Auf Gastspiel zu uns gekommen,
Und deine sieggewohnte Hand
Hat mich gefangen genommen.

Nun knie ich vor einem Venusbild
Mit dem junonischsten Herzen
Und habe nun zum letzten Mal
Entzündet die Liebeskerzen.

Du kluger Kopf und du weiches Herz
Du hältst mich sicher gefangen,
Und du verzeihst auch wohl, daß ich
Unter die Heiden gegangen?

Im Auge meines Kindes.

Ich habe so manchen lichten Stern
In meinem Leben besungen,
Doch ist mir so mild kein Sternenlicht
Wie dieses zu Herzen gedrungen.

Manch' braunes Aug' und manch' blaues Aug'
Hab' ich mit Sonnen verglichen,
Doch ist vor deines Auges Stern
Der Glanz dieser Sonnen verblichen.

Kein Kometenlicht in kalter Nacht,
Nicht des südlichen Kreuzes Glänzen,
Nicht der Meerunbinen blitzend Haar,
Das sie schütteln in wilden Tänzen,

Haben mir so das Herz durchglüht,
Als du so heilig-lindes,
So hochpoetisches Sternenlicht
Im Auge meines Kindes.

Ich denke dein!

Ich denke dein, wenn in stiller Nacht
Mich süße Träume umspinnen;
Du bist der Beginn und bist der Schluß
Von all' meinem Dichten und Sinnen.

Du führst meine Feder, lenkst mein Herz
Zu allem Guten und Schönen,
Du bist, o verkörperte Poesie,
Das Urbild meiner Camönen.

Ich denke dein, wenn die Sonne lacht,
Denn du bist mir Lebenssonne;
Ich denke dein, wenn mich Nacht umhüllt,
Denn du bist mir Todeswonne.

O Strahlenauge lasse mich tief
Von deinem Feuer durchtränken,
Ich lebe davon, bist du mir fern,
Ich lebe vom Deingedenken! —

Liebeswerbung.

1.

Die du den Blumen Leben giebst
Mit zauberkund'ger Künstlerhand,
Wie gern nähm' ich ein Röslein roth,
Als deiner Liebe Unterpfand.

Du hast mir's wahrlich angethan
Mit deinem dunkeln Augenpaar,
Gefangen hängt mein armes Herz
In deinem schwarzen Lockenhaar.

Ein armes Vöglein flatt're ich
Bei deinem Hause oft vorbei
Und frage mich und frage dich
Ob d'rinn nicht Platz für mich auch sei?

Erhörst du mich, erräthst du mich,
Hast Mitleid du mit meiner Pein,
So sende mir ein einzig Blatt
Von einer rothen Rose ein! —

2.

Haſt du nicht 'mal ein Roſenblatt,
Als Antwort auf der Liebe Klage?
Haſt du nicht 'mal ein freundlich Wort,
Als Antwort auf der Liebe Frage?

Wenn du ſo kalt dem Sänger biſt,
Wo ſoll der Sänger dann erwärmen?
Wenn du nicht ſtilleſt ſeinen Harm,
Wer ſoll dann ſtillen wohl ſein Härmen?

Dein dunkles Auge iſt voll Gluth,
Voll Feuer deiner Lippen Friſche,
Und mich durchſchüttelt Fieberfroſt —
Ein Hungriger am vollen Tiſche.

O blicke nicht ſo düſter d'rein
Und ſinne nicht auf harte Worte,
Wirf mir ein einz'ges Roſenblatt
Aus meines Himmels goldner Pforte.

Logik.

Der wahre Bettler iſt allein der wahre König!
Leſſing.

Wenn der wahre Bettler ein König iſt,
So bin ich ein Bettlerkönig,
Denn ich habe oft um einen Kuß
Bei dir gebettelt nicht wenig.

Und ich gäbe mein Königreich darum,
Dich einmal herzhaft zu küssen,
Sollt' ich um jeden ferneren Kuß
Dann auch wieder betteln müssen.

— — —

Meine Poesie.

1.

Dort unten auf einsamen Hügel
Erhebt sich ein stilles Haus,
Von Ferne sieht es öde
Und wie verlassen aus.

Doch muntre Vöglein wiegen
Sich lustig durch Strauch und Baum,
Und bunte Blumen träumen
Im engen Gartenraum.

Und schwanke Aeste nicken
Und pochen an's Fensterlein,
Sie flüstern Blumenmärchen
In's stille Gemach hinein.

Und drinnen im stillen Hause,
Da waltet mit kluger Hand
Ein holdes Frauenbildniß
Im schlichten schwarzen Gewand.

Sie sieht mit den treuen Augen
Den Garten so freundlich an,
Daß d'rin kein Blümchen verwelken,
Kein Vöglein sterben kann.

Es ist mein Dichtergarten
Geworden in letzter Zeit —
Durchschreit' ich ihn, so schwindet
Des Herzens Traurigkeit.

Betret' ich die traute Stube,
So wird mir so wundersam,
Wie damals, als ich nach Hause
Aus öder Fremde kam.

Mir ist's, als dürft' ich verlassen
Das Häuschen und Gärtlein nie,
Wohnt doch darin meine Liebe
Und meine Poesie.

2.

Und über dem stillen Hause
Steht nächtlich ein lichter Stern,
Wie wend' ich nach seinem Lichte
Mein träumend Auge so gern.

Wie hab' ich bei seinen Strahlen,
In tiefernster Mitternacht,
So oft an Lied und Liebe,
So oft an dich gedacht.

Der Stern hat dazu gelächelt,
So gut, so glänzend, so rein,
Als wär' er von deinem Auge
Der strahlende Widerschein.

Wer weiß, ob du nicht gewendet
Dein treues Auge auf ihn,
Ob das nicht dem schönen Sterne
Den lieblichen Glanz verlieh'n.

Vielleicht bist du seine Sonne,
Um die er Bahnen zieht,
Vielleicht, daß wenn du gestorben
Auch er erlischt, verglüht.

Dann bin ich ihm zu vergleichen,
Bin auch ein armer Planet,
Der, wenn du ihm nicht lächelst,
In Nacht zu Grunde geht.

3.

Schau' ich zum Abendhimmel auf,
So such' ich, Liebchen, deinen Stern,
Und lacht er mir, dann fühl' ich erst,
Wie du mir bist so fern, so fern.

O dieser Stern, wie lieb' ich ihn,
Wie fühl' ich erst bei seinem Licht,
Daß es dem armen Herzen hier
An deines Auges Trost gebricht.

Ich bin allein in weiter Welt
Und wand're rastlos immer zu,
Des Ahasver, des dichtenden,
Verlorner Himmel bist nur du!

4.

Adieu! und ein paar Thränen,
Ein wenig Herzeleid,
Vielleicht ein leichtes Sehnen,
Und dann — Vergessenheit.

Ich seh' dich noch wie heute
An meiner Schulter lehnen,
Lebwohl und noch ein Küßchen!
Adieu! und ein paar Thränen.

Ich ahne, daß du weintest
In unf'rer Trennungszeit,
Und wie dein Antlitz trübte
Ein wenig Herzeleid,

Und wie nach wen'gen Tagen
Verfiegten deine Thränen,
Es blieb in deinem Busen
Vielleicht ein leichtes Sehnen.

Dann kamen Frühlingstage,
Dann kam die Rosenzeit,
Dann kam ein schön'rer Knabe,
Und dann — Vergessenheit.

Mutterseelenallein.

Damit dem Kinde auf diesem Stern
Ein göttlicher Schutz nicht fehle,
Gab ihm der Herr zum Begleiter mit
Die starke Mutterseele.

Nicht Vaterauge, Schutzengelblick
Bewacht es auf seinen Wegen,
Nur die Mutterseele hütet es
Und heil'ger Muttersegen.

Er räumt die Dornen der Rosen fort
Und aus dem Wege die Steine,
D'rum wandelt so sicher jedes Kind
Selbst mutterseelenalleine.

Nach dem Tode!

Die indische Bhagavadgita*) sagt:
„Woran du im Sterben gedacht,
„Dazu wirst, nach deinem Tode, du
„Von der ewigen Weisheit gemacht!"

Drum denk' ich an Rosen den ganzen Tag,
Und liebe und trinke Wein;
Ich möcht' in ein rosenduftig Meer
Von Rheinwein verwandelt sein.

Und Jeder, der tränke von meines Ichs
Süßduftender Zauberfluth,
Dem müßte das Herz sich füllen ganz
Mit wonniger Liebesgluth.

Und schlürftest dann du den Wundertrank
Mit rosiger Lippe ein,
Dann hätt' ich erreicht mein Sehnen doch,
Von dir einmal geküßt zu sein.

Dann liebtest du mich im Tode doch
Und schenktest, o süße Pein,
Vielleicht als ein Liebestränkchen mich
Deinen zahllosen Buhlen ein!

***

Nachruf an eine zu früh verstorbene Freundin.

Stirbt ein Mann, so fällt ein Blatt
Nur vom Lotusbaume,
Stirbt ein Weib, so wird ein Stern
Ausgelöscht im Raume.

*) Lehre von der Seelenwanderung.

5*

Aber bricht ein Herz wie dein's
Fehlt im Himmel droben
Ein Accord im Sphärenchor,
Würdig Gott zu loben.

Den Accord ersetzest du —
D'rum nicht Trauertöne
Ruf' ich dem Erlöschen nach
Deiner Erdenschöne.

Nixenständchen.

(Aus „Ein Ritter vom goldnen Zirkel.")

Der Mondschein küßt dein goldnes Haar,
Du lauschest unserm Singen;
Wir wollen dir ein Schlummerlied,
Ein Nixenständchen bringen:

In unserm blauen Flußpalast
Wohnt ewiges Vergessen;
Das Wasser wird zur Lethe dir,
Vergessen, denk' Vergessen!

Die Lotusblume schläft im Grund;
Sie hatte sich vermessen,
Zu buhlen um der Sonne Gunst,
Jetzt hat sie sie vergessen.

Du wirst dein schönes Lippenpaar
Auf seinen Mund dort pressen;
Komm' zu uns, komm', und lerne dort
Vergessen, denk' Vergessen!

O lerne lieben.

O lieb' so lang du lieben kannst,
O lieb' so lang du lieben magst,
Es kommt die Zeit, es kommt die Zeit,
Wo du an Gräbern stehst und klagst.

Freiligrath.

O lerne lieben und lüge nicht
Ist dir ein Herz nah, das du gewannst,
Liebe es heiß und betrüge nicht,
O lieb' so lang du lieben kannst.

O lerne lieben und glaube mir,
Klein ist der Einsatz, den du wagst!
Die Liebe ist Alles — schaff' sie dir
O lieb' so lang du lieben magst.

O lerne lieben! Die Jugendfreud'
Ist ja so kurz, es kommt das Leid
Und das Bereu'n und das Trauerkleid,
Es kommt die Zeit, es kommt die Zeit!

O lerne lieben, o liebe heiß
O lieb' so lang du lieben magst
Es kommt der Winter mit Schnee und Eis,
Wo du an Gräbern stehst und klagst.

Aus „Der Schatz des Rampsinit".
Chor der Mädchen.

Auf deine heil'gen Matten
O Segenspender Nil,
Senkt sich der Dämm'rung Schatten,
Die Sonne ist am Ziel.

Osiris, des Amente,
Wir singen zu dir leise,
Sei es die Schlummerweise
Erregter Elemente.

Der leichtbeschwingte Ibis
Kehrt heim zu seinem Nest,
O Göttermutter Isis,
Dein sei des Tages Rest.
Haremhu, Gott der Sonne,
Die im Zenithe glühe,
Du sengtest manche Blüthe,
Dein Bruder bringt uns Wonne.

Die Lotusblume lächelt
Dem stillen Monde zu,
Und Blüthendüfte fächelt,
Besänftigt Tiu fhou.
Versunken ist im Strome
Der Fürst der Krokodille,
Und heilige Abendstille
Senkt sich vom Himmelsdome.

Schwanensang.

Im tiefsten Herzensgrunde
Klingt mir ein Saitenspiel,
Nicht weiß ich bis zur Stunde
Ob dir sein Ton gefiel.

Du hörst d'rinn Abendglocken
Erklingen durch das Thal,
Und hörst den Sprosser locken
Sein Weib voll Liebesqual.

Der Schlachtschrei der Indianer
Tönt grollend nebenher,
Als ob ein finst'rer Mahner
Zum Ernste nöthig wär'.

Und er, der braune Krieger
Der sterbend unterliegt,
Sagt mir: „nur der bleibt Sieger,
„Der selber sich besiegt!

„Der stärker, als das Walten
„Des eisernen Geschicks,
„Sich männlich kann enthalten
„Dem Reiz des Augenblicks."

Wenn ihm, zum Tod getroffen,
Der Lebensquell entspringt,
Reißt er die Wunde offen,
Denkt seiner Lieb' und singt:

„Es sah von Bergeshöhen,
„Die Palme in das Thal,
„An ihr nicht satt mich sehen
„Konnt' ich voll Liebesqual.

„Sie war so schön zu schauen
„Wie sie so lichtvoll stand,
„Daß liebetolles Grauen
„Das Herz mir überwand.

„Ich goß in wirre Lieder,
„Was ich gefühlt für sie,
„Dann sah sie lächelnd nieder
„Und sprach von — Poesie.

„Ich neigt an ihrem Stamme
„Anbetend mein Gesicht,
„Doch meine Liebesflamme
„Entfachte ihre nicht.

„Und darf ich mich beklagen,
„Daß du mir so gethan?
„Du würdest spottend sagen:
„Du armer, brauner Mann.

„Ich strebe auf zum Lichte,
„Adler umkreisen mich,
„Geh' du zu deiner Fichte,
„Die Fichte ist für dich!‟

„Und wärest du voll Gnade
„Für meiner Seele Leid,
„Sprächst du vielleicht: Wie schade,
„Doch noch ist nicht die Zeit;

„Wenn einst von Sonnenküssen
„Die Adern mir erglüh'n
„Will ich zu Hochgenüssen
„Vielleicht empor dich zieh'n.

„O Palme, süße Palme
„Voll Gluth und Poesie,
„Mein Blut färbt schon die Halme,
„Was heut' nicht ist, ist nie!

„Das Morgen ist den Göttern,
„Das Heute nur ist dein,
„Vielleicht wird's morgen wettern,
„Genieß den Sonnenschein.

„Leb' wohl, leb' wohl, du Holde,
„Hab' Dank, hab' heißen Dank,
„Und leis im Abendgolde
„Verklingt mein Schwanensang.

Ständchen.

(Aus „Ein Ritter vom goldenen Zirkel".)

Durch der Wolken duft'ge Schleier
Zieht der Mond mit bleichem Lichte;
Liebchen, wache! Traumgesichte
Passen nicht zur Hochzeitsfeier.
  Laue Nacht, duft'ge Nacht,
  Webe um des Sängers Glieder
  Dein verhüllend Nachtgefieder,
  Bis er bei dem Liebchen wacht!

Schlafe nicht! Die Blumen zittern!
Bei der Mailuft sanftem Kosen
Lieben Nachtigallen — Rosen,
Unerschreckt von Hochgewittern.
  Laue Nacht, duft'ge Nacht 2c.

Laß mich ein! Mit tausend Küssen
Will ich dir den Schlaf verscheuchen,
Bis im Ost die Sterne bleichen,
Bis wir Morgens scheiden müssen.
Laue Nacht, duft'ge Nacht 2c.

Horch, ich komme! Thürlein offen!
Nimm mich auf mit warmem Herzen,
Sieh, ich leide bitt're Schmerzen,
Bin von Amor's Pfeil getroffen.
Laue Nacht, duft'ge Nacht 2c.

Sterbende Veilchen.

Blau wie dein Auge, daß sie schüchtern grüßen,
Blüh'n duft'ge Veilchen hier zu deinen Füßen.
Du pflückst sie dir, um ihren Duft zu saugen —
Ob d'mpfe Zimmer wohl für freie Veilchen taugen
Ist es nicht besser, daß die Frühlingsluft
Sich schwängert mit dem süßen Veilchenduft,
Daß Sonnenstrahlen freundlich sie begrüßen,
Um gleich darauf ein hübsches Kind zu küssen? —
Du trägst die Veilchen heim in bunte Scherben
Und siehst sie dann nach wen'gen Stunden sterben!

*

Ein ander' Bild: „Vom Wiesengrund genommen,
„Ist „Sie" zur dumpfen, dunkeln Stadt gekommen
„Und, gleich dem Veilchen in der stolzen Vase,
„Durchlebt sie eine stolze Lebensphase!
„Doch bald läßt sie, bei allem äußern Prangen,
„Das kleine, duftigschöne Köpfchen hangen

„Und welkt und stirbt und wird hinausgetragen
„Im weißen Tuch, im engen Leichenschragen!"
O pflückt die Blumen nicht, die draußen blühen,
Sie sterben, welken schnell trotz Liebes=Mühen.

————

Telegraphenlieder.

I.

Ich ruhte einmal am Wüstensaum
Im thaufeuchten Sande hingestreckt,
Da hat mich aus süßem Morgentraum
Ein wunderlich Summen aufgeweckt.

Es war' als klänge in meiner Näh'
Der Aeolsharfe gespenstiger Ton,
Es war, als klage voll Liebesweh
Der neben mir ruhende Wüstensohn.

Doch nein, der schlief fest. Sein Angesicht
Vom Scheine des Feuers überglüht,
Sprach auch von Liebessorgen nicht
Und einem kummervollen Gemüth.

Und doch das Summen und doch der Klang
Und leer und todt rings der öde Raum,
Doch als ich spähte nach Sänger und Sang,
Sprach spottend ein Telegraphenbaum:

„Was bist du doch närrisch, du blonder Poet,
„Der ferne die blaue Blume sucht,
„Und der, was ich singe nicht versteht,
„Und der, was ich spreche, nimmer bucht.

„Ich bin die moderne Poesie,
„Ich bin der Geist, den sich Faust bezwang,
„Ich bin die lebendige Harmonie
„Im dienstbar gewordenen Sphärenklang.

„Zur Feder! und lausche andachtsvoll,
„Was ich dir zu beichten bin bereit,
„Was im Liede klingen und leben soll,
„Des modernen Poeten der neuen Zeit."

II.

Wo um öde Felsengipfel
Nur der Adler Kreise zieht,
Wo im Gluthkreis des Aequators
Träumerisch die Palme blüht,

Wo bei blut'gem Nordlichtscheine
Ew'ges Eis die Bucht umschanzt
Hab' ich meine Lebensbäume
Wachsthumsicher eingepflanzt.

Hab' vereinigt Millionen
Nivellirend sonder Rast,
Habe mit Messiasarmen
Liebevoll die Welt umfaßt.

Gott des Handels, Götterbote
Bin ich, welcher nimmer ruht,
Bin's, der mit beschwingter Sohle
Der Erinnyen Dienste thut.

Bin's, der mit des Willens Stärke
Des Neptunus Reich besiegt,
Der, wie ein olymp'scher Adler,
Kühn durch alle Himmel fliegt.

Wo ich bin, fällt jede Schranke,
Alles überspringe ich,
Die getrennten Weltgedanken
Eint mein eh'rner Bindestrich.

.

III.

Du bleiches Wüstenland,
Das gleich „der Bettlerhand" —
So leer und furchenvoll —
Hier vor mir liegt,
Hast keine Schrecken mehr,
Du bist besiegt.

Des Geist's Gedankenstrich
Zieht durch die Leere sich,
Und wo die Stille sonst
Fast greifbar war,
Saust durch den Drath nun der
Gedanken-Aar.

Wo man sonst leise nur
Den Pulsschlag der Natur
Gefühlt, regt sich der Geist
Und Menschenwort
In Wüstenmelodien
Ward zum Accord.

IV.

Die Fische im Meeresgrunde
Fragen verwunderungsvoll,
Was der lange, dunkle Faden
In ihrem Reviere soll? —

Es schütteln die bunten Quallen
Staunend ihr Glockenhaupt,
Phylosophisch fragt eine Auster:
„Wer hätte das je geglaubt?" —

Verschwiegene Meeresalgen
Flüstern sich schaudernd zu:
„Verrathen ist unser Geheimniß,
„Vorbei ist's mit uns'rer Ruh'!"

Die neckischen Meerundinen
Suspendiren Spiel und Tanz,
Und ein alter, grimmiger Haifisch
Beißt zornig sich in den Schwanz.

Die schnellen, fliegenden Fische
Halten ein Parlament,
Und eine Schildkrötenmutter
Will wissen: Wo es brennt?

Es machen die Purpurschnecken
Besuche beim Dintenfisch,
Und eine Perlmutter ladet
Den Bohrwurm sogar zu Tisch.

Denn heut' herrscht nur ein Gedanke,
Vergessen ist jeder Groll,
Man fragt, was der fade Faden
In der dunkeln Tiefe soll? —

Ein Seepferd, das alle Tiefen
Des tiefsten Wissens durchtaucht,
Meint: „Die Seeschlange sei's, die große,
„Die jetzt jede Zeitung braucht."

V.

Ich kenne ein altes Märchen
Von einem Zauberring,
Der in uralten Zeiten
Geister Finger umfing.

Wer diesen Ring besessen,
Den band nicht Zeit noch Ort,
Der Ring trug, wenn er's wünschte,
Ihn durch die Lüfte fort.

Für ihn gab's keine Fernen,
Für ihn gab's keine Zeit,
Er sprach das Wort und fand sich
Versetzt gleich weltenweit.

Wie haben die Weisen belächelt
Die hübsche Kinderei,
Wie haben die Thoren geschworen,
Daß es erlogen sei.

Die Weisen und die Thoren,
Hatten gleichviel Verstand,
Der Zauberring, der verloren,
Hält jetzt die Welt umspannt.

Und wer die Formel ausspricht,
Der ist des Ringes Mann,
Er brennt seine Pfeife am Nordpol
Mit Aequator=Blitzen an.

VI.

Nordlichtschein! — Auf Eisgebirgen
Liegt das rothe Polarlicht
Und der Dichter Wintschankofu
Macht ein herrliches Gedicht:

Spricht von ihren Nordlichtaugen,
Ihrem süßen Fischgeruch,
Schwärmt von ihrem Rennthierrocke,
Ihrem Seehundsbusentuch.

Nennt sie zart sein Eisbär=Bäby,
Seinen Fuchs im Silberpelz,
Und vergleicht mit Mövenschreien
Ihrer holden Stimme Schmelz.

Sie sei zart wie Walfischrippchen
Und pikant wie Rennthiermoos,
Sei gewachsen, wie ein Pinguin,
Weise, wie ein Albatroß.

Kommt zuletzt sogar zu sprechen
Auf des Liebchens Weisheitszahn,
Doch nun ist er festgefahren
Auf des Reimes schwier'ger Bahn.

Weiß sich anders nicht zu helfen,
Fragt frankirt bei „Singviel" an,
Der sofort zurückberichtet:
„Freund, auf Zahn reimt sich doch Thran!"

VII.

Hin über die Prairie fliegen sie
Die rothen Cannibalen,
Den staubigen Boden wühlen sie auf
Mit blutigen Sandalen.

Die Federn flattern auf jedem Haupt,
Die Scalps an jeder Hüfte,
Ein Geyer zieht, als witt're er Raub,
Mit ihnen durch die Lüfte.

Vom Blute trieft jeder Tomahawk,
Mordlustig blitzen die Augen,
Mit Lanzen spornt man die Rinder, die
Zu solcher Flucht nicht taugen.

So geht es in rasender Eile fort,
Gepeitscht vom Fluch ihrer Thaten,
Doch fürchten sie mehr als jeden Fluch
Blaue Bundessoldaten.

Da plötzlich pariret mitten im Lauf
Der Führer seine Stute,
Es kreuzt hier der neue Telegraph,
Der flüchtigen Horde Route.

Und Alles wirft nun von den Pferden sich,
Macht komische Referenzen
Und dreht um den Telegraphenbaum
Sich in wild grotesken Tänzen.

Und der greise Medicinmann singt
Mit schnarrender Pfaffenstimme:
„Hab' Dank, du gewalt'ger Manitu,
„Sie fielen unserem Grimme.

„Wir haben ihnen die Scalps geraubt
„Und haben verbrannt ihre Hütten,
„Wir schonten das Kind nicht im Mutterleib
„Und ließen durch nichts uns erbitten,

„Erhalte uns deinen Schutz wie bisher
„Du singender Gott der Blassen,
„Und wenn du uns fernerhin nicht verläßt,
„So werden wir dich nicht verlassen."

So sang er, doch als der Abend kam,
Ereilten sie die Soldaten,
Das Morgenroth fand die Räuber todt,
Es hatte ihr Gott sie verrathen.

Belächelt die armen Wilden nicht,
Ihr klugen Blaßgesichter,
Der civilisirte liebe Gott
Macht's auch wie das Götzengelichter.

VIII.

Ich bin der Finger am Arm des Volks,
Der an der Fürsten Thüren pocht;
Ich bin die Nase am Kopf der Zeit,
Die zeitig riecht, was man braut und kocht.

Ich bin das Auge, das euch bewacht,
Die ihr auf Trug und Lüge sinnt;
Ich bin der Mund, der denuncirt,
Was feige Verrath der Menschheit spinnt,

Die Unruh bin ich der Uhr der Zeit
Und zeige auf sprechendem Zifferblatt,
Was in der unterjochten Welt
Die politische Uhr geschlagen hat.

Ich bin die sichtbare Geisterhand,
Die nach des allmächtigen Volkes Sinn
An die Wände gekrönter Sünder schreibt
Das: „Mene tekel upharsin!"

IX.

Ich hatte einmal ein Liebchen,
Der hat es nicht behagt,
Daß ich ihr dreimal die Woche
Nicht meine Sehnsucht geklagt.

Sie hat mich dafür mit ihrer
Coquetterie geplagt,
Bis ich kurz telegraphisch
Die Liebe ihr aufgesagt.

Das hat sie schier verdrossen,
Sie weinte vor Zorn und Leid
Ich aber sparte gewaltig
An Geld, Papier und Zeit.

Auf telegraphischem Wege
Wird's Scheiden gar nicht schwer,
Leicht hat man sechs Amouren
In einem Jahre mehr.

X.

Herr Moses schrieb fünf Bücher Mosis
Für seine Judenheit,
Die Philosophie macht's jetzt kürzer
Sie hat zu wenig Zeit.
Mit abstrakten dünnbeinigen Worten
Verkauft sie die Ewigkeit
Auf telegraphischem Wege —
Das sind so Zeichen der Zeit.

Toast zum Sylvesterabend.

1864—1865.

Der Sand verann, es ist um Mitternacht!
Dies volle Glas sei meinem Lieb' gebracht —
Sie ist nicht hier, ich schütt' es auf die Erde,
Damit es ihr ein Todtenopfer werde.

Und nun steht auf, stoßt mit dem zweiten an:
Dies volle Glas gilt jedem vollen Mann,
Der heut' im Felde liegt auf kalter Erde,
Damit dem Sklaven eine Freistatt werde!

Das dritte gelte dir, du neues Jahr!
Trag' fort zu Siegen unsern stolzen Aar,
Reiß' Peitschenschwinger von den Lotterbetten
Und brich, wo Sklaven weinen, ihre Ketten!

Dies vierte Glas, was arm und elend ist,
Und euch, Betrübten, die ihr trauern müßt!
Mein bester Wunsch, aus meiner vollsten Seele,
Ist, daß euch fürder Brod und Schlaf nicht fehle!

.

Schlaf ist Vergessen! Ihm dies volle Glas!
Und dieses hier, dir selbst, mein edles Naß!
Und jetzt, da noch ein volles Glas geblieben,
Sei es für uns und Alle, die wir lieben!

Untreu.

Im Ried erklingt des Sprossers Schlag,
Die Rose seufzt im grünen Hag:
„Wie bist du mir so fern, so fern,
„Ich küßte dich so gern, so gern,
„Du böser, lieber Sänger.‟

Zum bunten Köschke trägt der Wind
Der Säng'rin Lied, so mild, so lind,
Es stiehlt sich in ein Mädchenherz,
Sie weint im Schmerz, im bittern Schmerz
Um einen fernen Sänger:

„Wie eilte ich so gern zu dir,
„Und muß verschmachten, sterben hier;
„Ich küßte dich so gern, so gern,
„Wie bist du mir so fern, so fern,
„Du böser, lieber Sänger!‟

Die Rose stirbt im grünen Hag,
Verschmachtend bei des Sprossers Schlag,
Des Mädchens Wange liebesroth
Küßt bleich der Tod, der blasse Tod;
Denn ferne blieb der Sänger.

Der Sprosser nur, in Lieb' und Lust,
Singt fort sein Lied aus voller Brust;
Der Sänger, von der Liebsten fern,
Küßt and're Mädchen oft und gern,
Wie all' die bösen Sänger.

Wie ich dich hasse!

Ich hasse den blassen Mondenstrahl,
Der deinen nächtlichen Pfad erhellt,
Und hasse den kühlen Abendthau,
Der dir auf die heiße Stirne fällt.

Und hasse das Moos auf deinem Weg,
Das weich sich um deine Sohle schmiegt,
Und hasse des Sprossers süßen Sang,
Der dich in verliebte Träume wiegt.

Den Lorbeer hass' ich, der dich umkränzt,
Und hasse Alles, was dich liebt:
Der buhlenden Sonne heißen Kuß,
Die schmeichelnde Luft, die dich umgiebt.

Denn der Mondenstrahl und der Abendthau,
Der Lorbeerkranz und der Sonnenschein
Und Moos und Sprosser, die dich erfreu'n
Und die süße Luft möcht' ich dir sein.

Zu Weihnachten.

I.

Der Traum.

Kein Glück der Welt gleicht einem Kindestraum
Von Christtagsfreuden und vom Weihnachtsbaum! —

Wenn draußen über's Feld der Sturmwind fegt
Und zornig an der Menschen Fenster schlägt,

Wenn Zauberblumen an den Scheiben blüh'n
Und Nebelgeister durch die Straßen zieh'n,

Wenn nirgends Frieden ist in der Natur,
Dann ruht in Frieden auch die Unschuld nur,

Dieweil in dieser gottgeweihten Nacht
Ein guter Engel bei den Kindern wacht.

Und leise flüstert er dem Bübchen zu:
„Dir gilt der Sturm nicht, Knabe, schlafe du!"

Und leise raunt er: „Deine Winterzeit,
„Mein holdes Mädchen, ist noch weit, noch weit! —

„Noch ist die Zeit, in der die Rosen blüh'n
„Des Jugendmorgens unter Tannengrün."

O träumte auch die nackte Armuth so,
Und würde wachend ihres Traumes froh!

II.

Das Erwachen.

Und ist dann, nach der sturmdurchtobten Nacht,
Im Morgengrau'n das Kinderpaar erwacht,

Dann sieht es, daß der frohe Weihnachtstraum
Nicht Lüge war und eitel Trug und Schaum.

Da ist der Mann, der Händ' und Füße regt,
Die Fee, die Hut und Spitzenkragen trägt;

Nußknacker selbst, mit grimmigem Gesicht,
Fehlt nun bei dem erfülltem Traume nicht.

Dagegen wir! — Träumt man von Sonnenschein,
So heult der Sturm uns in den Traum hinein,

Und hat der Morgen uns ein Glück gebracht,
So stört es uns der finst're Alp der Nacht.

O Kinderfreude, holde Weihnachtszeit,
Wie bist du uns doch schon so weit, so weit! —

Nur aus den Kinderaugen tief und mild
Lacht uns noch heut' dein holdes Spiegelbild.

O laßt uns sorgen, daß die Weihnachtsluft
Auch Einkehr halte in der Armen Brust! —

Zum Geburtstage einer Freundin.

Maikätzchen und Maiblumen
Erzeugt der holde Mai,
So hab' ich mich erinnert,
Daß heut' dein Geburtstag sei.

Ich bringe dir von Blumen
Ein armes Sträußlein dar,
Und wünsche, daß dir erblühen
Viel Blüthen jedes Jahr.

Und daß mit jeder Maien-
Und jeder Blüthenzeit
Ein duft'ger Blumenregen
Auf deinen Weg sich streut.

Wo Blumenfreuden lachen
Fehlt's auch am Glücke nicht;
Für mich sei unter den Blüthen
Ein stilles Vergißmeinnicht.

Afrika und Asien.

Unter den Pyramiden.
(Gifeh, 1860.)

Gleich einer Grenze, die den Traum des Menschen von
dem Wachen trennt,
Strebt, räthselhafte Gräber ihr, vom Wüstensaum zum
Firmament.
Gleich einem alten Räthselspruch, deff' Lösung noch kein
Weiser fand,
Steht ihr, ein fabelhaftes Buch, in einem wunderbaren
Land;
Ihr seid das Grab der alten Zeit, die warnend ihr
„Memento" ruft;
Seid eine Brücke, die sich spannt hoch über eine Völker-
gruft.
Ihr seid Warnzeichen, die da steh'n fast unbenagt vom
Zahn der Zeit,
Ein Schreckbild starren Königthums, errichtet für die
Ewigkeit.
Und doch wird bleichen dieses Bild in tausendjähr'ger
Sonnengluth,
Gelöst der Sphinxe Räthselspruch, geschrieben mit der
Völker Blut;
Denn wie des Pharaonenvolks Zwingherrenthum in
Staub zerfiel,

So werdet ihr dereinst zermalmt — granitner Staub —
der Winde Spiel,
Und mit euch fällt, was als Symbol noch auf dem Wap=
penschild euch trägt, —
So lang es währt, der Frühling kommt, die Knospe
springt, die Stunde schlägt.

Nilabend.

(Siehe: „Nilreise mit Theodor von Heuglin".)

Der Wind liegt in den Segeln
Die Dahabieh flieht,
Der Mond, der bleiche Schwärmer,
Mit in die Ferne zieht.

Es singen die Matrosen,
Und kreischend theilt die Luft
Die Weihe, die die Jungen
Zum Felsenhorste ruft.

Es nicken dazu die Palmen
Herüber von Nilesrand,
Und Wassernixen fächeln
Mein Haupt mit kühler Hand.

Flüsternd zu meinem Ohre
Neigt sich der linde Nord,
Und spricht mit mildem Ernste
Zu mir ein kluges Wort:

„Zieh' hin zum fernen Lande
„Doch laß die Heimath nicht:
„Wie auch der Fremde Schöne
„Dir Herz und Sinn besticht.

„Was auch der Heimath Bilder
„Dir aus dem Sinne ruft,
„Vergiß nicht deutscher Erde
„Und deutscher Berge Luft."

———————

Samum.

Es liegt, gleich einem Fluch der Hölle,
Auf meiner Brust des Südwinds Gluth;
O wär' der Wüste sand'ge Welle
Die Welle doch der Meeresfluth! —

Es rast das Blut durch meine Venen
Und steigt in Dämpfen auf zum Hirn;
Erschlafft sind meinem Fuß die Sehnen,
Ha! — diese Gluth sprengt mir die Stirn!

Kein Baum, kein Strauch rings in den Wüsten,
Und jene Wolke bringt den Smum;
Die Stirn an den versenkten Brüsten
Der Erde, kommt man schaudernd um.

———————

Der Schech.

An Gluth und Wüstenbrand mahnt dein Gesicht,
An Samumswehn und bleiche Wüstenschemen!
Bei deinem Anblick träum' ich, wie in Yemen
Ich einst geträumt, und träume ein Gedicht. --

Gleichst du doch einem offnen Fabelbuch!
Von deinem Barte träuft die Weisheit nieder,
Du bist ein Quell voll wunderbarer Lieder
Und Zaubersprüche birgt dein Turbantuch.

O Schech — schütt' deine Sagenperlen aus!
Von Antar sprich und seinem Wundersäbel,
Von Geistern des Sirab's *), die oft im Nebel
Und Rauch sich zeigen, Wanderern ein Graus.

Nimm aus den Falten der Kuffi **) den Ring,
Der uns versetzt in ungemess'ne Weiten,
Das Wunderland el hind ***) laß uns beschreiten
Und Aladinens Wunderlampe bring.

Durch alle Wüsten kennst du einen Weg,
Dein ist das selt'ne Roß: „Die Phantasie!"
Du bist des Orient's warme Poesie!
Ich neige meine Stirn vor dir, o Schech!

   *) Fata morgana.
  **) Kopftuch.
***) Indien.

Die arabische Tänzerin.

Es klingt die Castagnette,
Die Darabukka tönt,
Hell schrillt der Flöte Kreischen,
Der alte Sänger stöhnt:

„Warum, du braune Schöne, warum so wilden Tanz?.
„Warum die Rabenlocken in Taumelmohnes Kranz?
„Warum die schönen Nägel von Hennafarbe roth?
„Warum so wild die Blicke, als hieß' ihr Blitzen: Tod?

„„Es klingt die Castagnette,
„„Mit Darabukka=Ton
„„Allein zu deiner Ehre,
„„Des Nordens blonder Sohn. .

„„Warum so wild ich tanze? — Das ist der grimme
Schmerz,
„„Der Taumelmohn berauschte dies arme, arme Herz!
„„Die rothen Nägel leuchten zum grausen Hochzeit=
schmaus,
„„Die wilden Blicke suchen ein frühes Todtenhaus! —„„

Dumpf klagt die Mandoline,
Die Darabukka dröhnt,
Es summt die Harfe leise,
Der alte Sänger stöhnt.

Das Tanzlied ist verklungen, der Tanz zu Ende ging:
Der Taumelmohn verwelkte, der in den Locken hing,
Roth sind allein die Nägel, das Henna ließ nicht ab;
Als hätte selbst sie blutend gegraben sich ihr Grab.

— — —

Dein schönes Auge.

Das Blitzen deines Auges sprüht
Die Sängerkraft in meine Brust,
Sein mildes Lächeln aber zieht
Als Mond am Himmel meiner Lust.

Es ist mein Stern in Wüstenei'n,
Wenn rings der Samum tos't und glüht;
Es ist mein Talisman allein,
Der mich aus Nacht und Unheil zieht.

Dein Auge, Leben ist's und Traum,
Ist Goldglanz mir und Demantschein,
Ist meines Edens Lotusbaum,
Soll Firman mir zu Allah sein.

Wo es mir lacht durchbohrt kein Schwert
Die nur für dich bewegte Brust;
Wo es mir fehlt, ist wenig werth
Des eitlen Daseins karge Lust.

Tod bringt sein Dräuen! Heil sein Gruß!
— Was bist du mir, elende Welt —
Ein Blick, ein Lächeln, einen Kuß
Und Abu Rucken wird ein Held,

Ein Held, der seine Lebenszeit,
Durch deine Liebe sich versüßt,
Ein Held, der seine Ewigkeit
Um einen heißen Kuß verküßt.

Ghasel.

Laß ruhen auf der Liebe Glück,
Im Traum und Wachen, ein Geheimniß,
Für dich allein sei Liebchens Blick,
Und was er kündet, kein Geheimniß.
Es kümmert sich die häm'sche Welt
Nicht um ihr Glück und sein Geheimniß;
Nur bitter Lästern ihr gefällt,
Darum erforscht sie dein Geheimniß.
Ruh' aus an deines Liebchens Brust,
Beseligt durch dein fein Geheimniß;
Doch halte nie der Liebe Lust
Für ein verächtlich klein Geheimniß!
Dreifaches Elend zehr' dich ab,
Verletzt du je solch' rein Geheimniß;
Nur deiner Brust, nur deinem Grab
Vertrau' der Lust und Pein Geheimniß.

Amerika.

Prolog zur Feier des 4. Juli 1870 in Stuttgart.

Der Müde, der die Welt durchwandert hat,
Kehrt er zur Heimath einmal reisesatt,

Bringt uns die wunderbare Kunde mit,
Daß er stets Deutsche fand, wohin er schritt.
Kein Land ist fern genug und wüst und leer,
Es wohnt darin ein deutscher Ahasver. —
Am Nil, wo der Chamsin durch Palmen rauscht,
Am Ganges, wo man Wundermärchen lauscht,
Hat er mit Deutschen deutschen Gruß getauscht.
Und an den Polen, wo das Nordlicht glüht,
Fand er von Eis umstarrt ein deutsch Gemüth,
War es auch nur ein deutscher Schiffersmann,
Den hier der Winter hielt in rauhem Bann.
Fern am Aequator löschte Fieberbrand
Ihm eines deutschen Landsmanns milde Hand,
Wo Tod und Elend sah die Phantasie,
Da fehlte doch ein deutscher Helfer nie,
Und wo das Glück ihn suchte mit der Zeit,
Da hat ein Deutscher sich mit ihm gefreut;
Allüberall, wohin die Sonne scheint,
Wo ihren Segensthau die Wolke weint,
Der Regenbogen Hoffnungsbrücken spannt,
Ist deutscher Männer neues Vaterland.
Doch nirgends mehr als dort, wo Washington
Ein neuer Heiland ward dem Erdensohn,
Wo heut' kein Schweiß von Sclavenstirnen rollt,
Selbst in der Tropensonne flüss'gem Gold,
Wo heut' ein Volk sein Wiegenfest begeht
Beim Büchsenknall mit Jubel und Gebet,
Wo heut' auf jedem Tisch ein Festschmaus steht,
Von jedem Dach ein Freiheitsbanner weht.
Dort war's, wo Mancher kühle Freistatt fand,
Als ihm zu heiß es ward im Vaterland,
Dort war's, wo sie so hoch willkommen war,
Die kleine trotz'ge Freiheitskämpen=Schaar,
Die in dem damals engen Vaterland

Nicht Raum für freie Flügelschläge fand.
Dort flogen sie zum ew'gen Lichte auf,
Dort gab es Raum für ihren Dauerlauf,
Und wenn auch Mancher nicht zum Ziele kam
Und heimwärts kehrte matt und flügellahm,
Der „Union" Banner gilt ihm doch so hoch,
Als ruhte er in seinem Schatten noch.
Es ist sein Blau, das liebend zu ihm spricht:
„Ich bin die Treue, d'rum vergiß mein nicht!"
Sein Roth sagt ihm: „Streb' ferner auf zum Licht,
„Die Liebe bin ich, d'rum vergiß mein nicht!"
Sein Weiß: „Sei, wie die Bürgertugend, schlicht,
„Ich bin die Unschuld, d'rum vergiß mein nicht!"

(Zur Fahne.)

Harmonisches Zeichen
Urheiliger Dreiheit:
Der Gleichheit und Einheit
Und menschlichen Freiheit,
Wir feiern dein Siegen
Auch hier in der Ferne,
Du heiliges Banner
Der Streifen und Sterne.

Du bist es gewesen,
Das Freistatt uns bot
In Tagen des Schreckens,
In Stunden der Noth.
Hoch wollen wir ehren
Dich bis in den Tod,
Du heilige Dreiheit,
Du Blau, Weiß und Roth.

Sind deutsch wir geblieben,
Hast du es vollbracht,
Du hast in der Fremde
Uns besser gemacht.
Du lehrtest den Werth uns
Der Einheit begreifen,
Du heiliges Banner
Der Sterne und Streifen.

Wo du wehst, ist Freiheit,
Du brachst selbst entzwei
Die Ketten des Negers,
Wie wir ist er frei
Und läßt heut' erschallen
Durch Lüfte so lau:
Ein dreifaches Hoch
Unserem Roth, Weiß und Blau!

Strebt auf zum Licht.

Gen Westen zogen traurig, kampfessatt,
Viel ernste Streiter, wundgedrückte Knechte,
Müd' waren ihre Arme vom Gefechte,
Vom langen Frohndienst ihre Körper matt.
Sie ließen ihre heil'gen Eichenhaine,
Die lieben Schatten ihrer deutschen Buchen,
Sie ließen ihres Rheinthals Gluthenweine,
Der Freiheit Morgenroth dafür zu suchen,
    Und sangen hell, das hoch zum Himmel stieg
            Ihr Festgedicht:
„Der Freiheit Raum, und Tod der Tyrannei!
        Strebt auf zum Licht!"

So kamen sie zu des Columbus Land,
Gestärkt in Meerluft ihre müden Glieder,
So hoben sie zum Himmel Hand und Lider,
Begeistert knieend am verheiß'nen Strand:
„Hier liegen wir und schwören, hoch zu halten,
„Wir Wächter an der Freiheit Tempelthoren,
„Wie auch der Knechtschaft finst're Geister walten,
„Der Freiheit dreimal heil'ge Trikoloren.“
    Dann sangen sie, 2c.

Hoch neben uns'rer Banner Schwarz, Roth, Gold
Weht roth, weiß, blau die Flagge der Vereinung.
Der Knechtschaftsfluch des Gottes der Verneinung
Bleib' beiden fern, wie auch der Böse grollt.
Auf unsern Fahnen blitzt in gold'nen Lettern
Der Wahlspruch uns voran fü alle Zeiten:
„Wir trotzen, stolzen Eichen gleich, den Wettern,
„Der Freiheit treu für alle Ewigkeiten!“
    Und jenes Wort, das hoch zum Himmel klingt
        Im Festgedicht: 2c.

So hielten wir's in stürm'scher Zeiten Drang,
So wollen wir's zu allen Zeiten halten;
Die Freiheit soll im deutschen Herzen walten,
Als höchster Gott bei Weib, Wein und Gesang.
Freiheit der Welt — vom Drucke jeder Krone,
Freiheit dem Geist — zu Thaten aufzufliegen,
Freiheit des ärmsten Sklaven letztem Sohne,
Für Freiheit laßt uns sterben oder siegen!
    Und singet hell, daß 2c.

Ihr halft zerbrechen jüngst das Sklavenjoch!
Jetzt fort das Schwert, und formt es um zum Pfluge.

Keimfäh'gen Samen gebt der Ackerfuge,
Freu'n uns im Herbste seine Früchte doch.
Pflanzt Wachsamkeit, pflanzt Deutschthum, Freiheitsliebe,
Und ein „Vergißmeinnicht" dem Vaterlande,
Dann ruht ihr einst, umgrünt von frischem Triebe
Des Völkermaitags, süß am fremden Strande
Und Enkel singen, daß zum Himmel klingt
      Ihr Festgedicht:
„Hier ruht ein freier Mann im freien Land.
      Er flog zum Licht!"

Er nahm.

Aus dem Englischen.

Er nahm ihr Herz ein, als er kam,
  Nahm ihre Hand, nahm sich 'nen Kuß,
  Nahm nicht Notiz von ihrer Scham
Und daß sie roth ward vor Verdruß.

Er nahm sich vor: „Du wirst ihr Mann",
  Nahm d'rauf den Eid aus Priesters Hand
Und all ihr Silber nahm er dann,
  Nahm keinen Abschied und verschwand.

Der Sturm *).

Der Möve Schrei im Sturmwind schrillt,
Schwarz ist die Nacht, das Meer ist wild,
Die Wogen brüllen wutherfüllt:
        Miserere Domine.

Durch schwarze Nacht und schwarze Fluth
Jagd wild ein Schiff des Sturmes Wuth,
Sein einz'ger Schutz ist Gottes Huth.
        Miserere Domine.

Wie wird bei falber Blitze Schein
Des Schiffers stolzes Herz so klein,
Er betet um sein armes Sein,
        Miserere Domine.

Und vom erregten Meer geschwind
Rast fort der Sturm, heult auf der Wind
Und weckt daheim des Schiffers Kind.
        Miserere Domine.

Das lag so süß auf weichem Pfühl
Und träumte hold von Glück und Spiel,
Als wild der Sturm an's Fenster fiel.
        Miserere Domine.

Doch Sturmes Mahnen hat's erkannt,
Hat bittend sich zum Herrn gewandt:
„Nimm Vaters Schiff in deine Hand!"
        Miserere Domine.

*) Nach dem Englischen der Abelaide Proctor und be=
rühmt durch den Vortrag der Frau Parepa Rosa. Die Ueber=
setzung ist Frau Pauline Weiller in Baltimore zugeeignet.

Der Morgen kam, Hochbootsmann pfiff,
Vor Anker ging des Vaters Schiff,
Des Kinds Gebet hielt's fern vom Riff.
        Gloria tibi Domine.

Westindien.

Auf dem Golfe von Mexiko.

Windstille.

Mattes Wetter, stilles Wasser!
An den Masten faule Segel,
In dem Wasser faule Fische,
Auf den Klüvern matte Vögel!

In der Nacht kühl zum Erkälten,
Aber jetzt — heiß zum Erhitzen,
Ja, so heiß, daß tief im Meere
Selbst die Herrn Haifische schwitzen.

Sitzen still auf sand'gem Grunde:
Freuen sich mit blödem Lächeln,
Daß die Pilotfische ihnen
Kühlung mit den Schwänzen fächeln.

Eine zarte Austernjungfrau
Klagt vernehmlich: „Jott, die Hitze!"
Ihr verliebter Häring aber
Spöttelt d'rob mit salz'gem Witze:

„Holde Jungfrau, sagt er knixend,
„Das ist Alles zu ertragen — .
„Denken sie, wie heiß es wäre
„Erst in einem Menschenmagen!

„Eingemacht in Portersauce,
„Pfeffer, Essig, Zwiebelringe —
„Ja, es giebt für schlimme Dinge,
„Fräulein, stets weit schlimm're Dinge.‟

———

Im Bauch des Schooners.

Lagen in den dumpfen Kojen,
Außen Regen, innen Hitze;
Fluchend machte der Franzose
Seine leidlich schlechten Witze.

Dieser Duft und dieser Brodem!
Dieses tolle Mückentanzen!
Zwar auf Rosen nicht gebettet
Sind wir, aber doch auf Wanzen.

Kinder weinen italienisch,
Und die guten Weiber waschen;
Wüthend ballen uns're Deutschen
Ihre Hände in den Taschen.

Dieser Hund von einem Rheder!
Dieses Zaudern! Die Muskitos!
O und Ach! — Ich aber rauche
Lachend meine Cigarritos.

———

Cuba.

Wie in einer großen grünen,
Ungeheuren Austernschale
Liegt die „Perle der Antillen"
Mitten d'rin im weiten Meere.

Rings ist Wasser, nichts als Wasser,
Ungeheuer salz'ges Wasser,
Und in diesem Wasser schwimmen
Große, böse, dicke Haie.

Wächter aber sind die Haie,
Die mit ihren stieren Augen
Diese „Perle der Antillen",
Dieses Cuba überwachen,

Daß kein Sklave es verlasse,
Seine Freiheit zu erschwimmen;
Kein Gedanke es erreiche
Von der Freiheit, die ich meine.

Stumm und tückisch, wie der grimme
Cerberus — der Hund der Hölle —
Rufen sie nicht einmal: „Werda?",
Sondern beißen gleich die Schwimmer.

Fragen nicht 'mal: „Habt ihr Pässe?"
Fragen nicht 'mal: „Seid ihr Hessen?"
Und man sagt sogar, sie fräßen
Selbst kurhäßliche Churfürsten.

Wer den Haien ist entgangen,
Um die Perle zu erreichen,
Darf schon lachen, aber singen
Kann er noch nicht Hallelujah.

Denn jetzt kommt der zweite Posten,
Denn jetzt kommt er zur Douane,
Wo ihn gleich ein Don aus Spanien
Fragt nach den verschied'nen Pässen.

„Welche Pässe? Was für Pässe?
„Edler Spanier, du bist irre;
„Ist Amerika das Land nicht,
„Wo die Pässe sind Chimäre?"

„„Was, Chimäre? Einen Peso
„„Zahlen sie für's Blasphemiren,
„„Und dann gleich noch einen Peso
„„Für die Umschauhaltungskarte.

„„Denn sie müssen wissen, Sennor,
„„Das ist Alles, — wie in Deutschland
„„Und in andern freien Ländern —
„„Kostet Alles einen Thaler.

„„Aber dafür blüht hier lustig
„„Auch der mecklemburg'sche Bambus;
„„Und wie man hier keilt den Neger,
„„Keilt in Deutschland man die Bauern.

„„Aber dafür ist Herr Dietrich,
„„Mit dem Bart von Hexen=Kessel,
„„Auch die Tante meiner Herrin,
„„Isabelle, die Gott segne.

„„Aber dafür wächſt hier wild auch
„„Die Cigarre der Erkenntniß,
„„Königspalme, Mango, Pinjas,
„„Und man fährt in den Volantes.

„„Jeder Weiße iſt hier Ritter,
„„Iſt hier hoch und wohlgeboren,
„„Wär' er dumm auch wie ein Maulthier,
„„Seines Zeichens Räuberhauptmann.

„„Aber dafür hat man keine
„„D o w i a t'ſchen S p o t t = Geburten;
„„Denn man könnte ſo viel Dummheit
„„Selbſt auf Cuba nicht ertragen.

„„Unſ're Sterne ſcheinen heller,
„„Unſ're Neger werden fetter,
„„Und das Alles kann man ſehen
„„Für nur einen kleinen Peſo.

„„Führen ſie nur keine Bücher,
„„Lincolnbüſten, Demokraten
„„Bei uns ein, denn, ach, für ſolche
„„Gibt's auf Cuba kein Erbarmen.

„„Negerſklaven, Negerſchinder,
„„Zahme Spanier, wilde Kulis,
„„Und noch andre ſelt'ne Thiere —
„„Alles, Alles für 'nen Peſo."„'

Und ſo ſprach der Mann noch lange
Gratis, Alles für den Peſo;
Nun, da ſoll noch Einer klagen
Ueber theure Eintrittspreiſe.

Die Königspalme.

Auf des Himmels blauem Grunde,
Eingravirt in Gluth und Licht,
Stehst du, stolze Königspalme,
Wie ein sinnig Sinngedicht.
Leise, wie vom Lichte trunken,
Seh' ich deine Wedel schwanken;
Palme, bist du so versunken
In poetische Gedanken? —

Deines Stammes sanftes Wiegen
Ist der Rythmus in dem Lied,
Das, ein Sphärenklang des Lichtes,
Warm durch alle Herzen zieht.
Königspalme, dein Geflüster
Stimmt so weich mich, daß ich weine,
Denn du bist so lichtvoll düster,
Wie ein Lied von Heinrich Heine.

Mexikanische Volkspoesie.*)
(Aus dem Spanischen.)
La Palmira.
Quien luviera las alas de paloma.

Hätt' ich Flügel doch der Taube
Und nicht dieses Körpers Schwere
Zög' ich über Berg und Meere
Nach der reizenden Sonora.

———

*) Die eigenthümlichen Reimverschlingungen in einigen dieser
Lieder sind genau den Originalen nachgebildet.

Setzte mich, am Fuß der Berge
An Palmira's Trümmergrenzen,
Weinte bei des Mondes Glänzen
Ueber dich, o mein Palmira.

El Remero.
Acerquese sinnorita.

„Tretet näher, Sinnorita!"
Sprach ein armer Ruderer
Zu der schönen Donna Rita,
„Denn ich liebe euch so sehr,
„Führe euch nach „Sant Anita."*)
D'rauf erwiderte die Kleine
Mit der süßen Engelsstimme:
„„Werde nimmermehr die deine,
„„Quäle mich nicht, Ruderer,
„„Deine Liebe scheint mir leer.
„„Suche einen feinen Ritter,
„„Der mich liebte zum Verderben,
„„Der mich liebte und betrog.
„„Wehe, wenn er Liebe log,
„„Muß die arme Rita sterben.""

La Frutera.
Viva aquesta ciudad.

Es lebe hoch die gute Stadt
Tarari, tarari, tarara — ra,
Und was darin zu leben hat,
Tarari 2c.

----

*) Sant Anita ist ein beliebter Vergnügungsort bei Mexiko,
den man in flachen Canalbooten zu besuchen pflegt.

Durch die Straße der Plateros *)
Sang ich meine Lieder;
Kam vorbei ein Offizier,
Kehrte oftmals wieder,
Stellte sich nicht weit von mir,
Lobte meine Lieder.
    Es lebe hoch 2c.

Herr'n! Ich bin Indianerin,
Komme von Tenangos,**)
Trete an die Thüren hin,
Bitte euch: „Kauft Mangos."***)
    Es lebe hoch 2c.

Herr'n! Ich bin Indianerin,
Berge und Barankas †)
Ueberflog mein leichter Sinn.
Kauft ihr nicht Narranjas?††)
    Es lebe hoch 2c.

Zogen mit mir durch das Land
Meine schwarzen Augen;
Wird, Ihr Herr'n, die Contreband
Für die Städte taugen?
    Es lebe hoch 2c.

---

    *) Straße der Silberschmiede.
   **) Stadt unweit Mexiko.
  ***) Eine nierenförmige, süße Tropenfrucht.
    †) Schluchten.
  ††) Apfelsinen.

Liebende.

Tu eres la bella.

Du bist die Schöne,
Für die ich schwärme
Und ab mich härme
In wildem Schmerz.

Du bist der Leitstern
Von meinem Geschicke;
Ich hebe die Blicke
Bezaubert empor.

Vergönne mir, Schöne,
Dich heiß zu küssen,
Und müßt' ich's büßen
Gleich mit dem Tod.

Vergiß es nimmer,
Daß du die Eine,
Um die ich weine
In wildem Schmerz.

Amor.

Cual la escencia de las flores.

Aehnlich, wie der Duft der Blumen
Brust und Luft mit Balsam füllet,
Aehnlich wird von Liebesflammen
Unser Herz in Duft gehüllet.

Glücklich, wer in voller Gluth
Seligkeit genießt und Wonne;
Wehe dem, der nur in Wolken
Sieht der Liebe gold'ne Sonne.

———

An Chucha.
Hoy te presento, hermosa, mio cancion.

Heut' reich' ich dir, du Schönste, meinen Sang,
Laß ihn, Chuchita, zur Guitarre klingen;
Denn Dichterlieder, welche Engel singen,
Die haben erst den vollsten Liederklang.

Ich liebe dich, Chuchita, unschuldsvoll,
Und gab in Liebe dir mein Herz zu eigen;
Willst du in Liebe dich zum Dichter neigen,
So singe mir dies schlichte Liebeslied.

———

Am Grabe der Mutter.
Bajo al sepulcro frio.

Kniee hier am kalten Grabe
Einer Seele, die da starb für mich;
Liebe Mutter, bist du nahe, hörst du mich,
Mich, die Tochter deiner Liebe?! —

Bin nun Waise, blieb zurück
Ganz allein in Angst und Schmerzen;
Bete für die Tochter, gute Mutter,
Zu des Heilands großen, guten Herzen!

———

Rückerinnerung.

Cuantas veces reclinada.

Ach wie oft haft du geneigt
Deine Stirn tief zu der meinen;
Ach wie oft durft' ich vereinen
Mund und Mund zum Liebeskuß;
Warst so schön, wie weiße Lilien,
Warst so schön, wie rothe Rosen,
Die des Nordwinds heft'gem Tosen
Neigen sich mit stillem Gruß.

(**Mexikanische Romanze.**)
La Delgadina.
Se paseaba Delgadina.

Ging spazieren Delgadina
Einst im hohen Saal des Schlosses;
Ihrer Glieder üpp'ge Fülle
Glitzerte in Gold und Perlen.
Trat zu ihr der Fürst, ihr Vater,
Von der Tochter Reiz getrieben,
Flüstert leise: „Delgadina,
„Holde Tochter, lieb' den Vater!"

Doch erröthend sprach die Tochter:
„„Vater, fürchtet diese Sünde;
„„Zücht'ge Liebe schenk' ich gerne,
„„Aber nicht die, so ihr heischet,
„„Aber nicht die heiße Liebe,
„„Die ihr heischt seit vielen Tagen,
„„Denn sie schändet meine Mutter,
„„Ist von Gott dem Herrn verboten.""

Kamen d'rauf die Diener, Pagen,
Sperrten ein die Delgadina,
Schlossen Thüren, Thore, Fenster,
Von dem Saal bis zu der Küche:
Gaben sie ihr dann zu essen,
War das Essen sehr gesalzen;
Gaben sie ihr dann zu trinken,
War es Brühe vom Salate.

Gott befahl sie ihre Seele,
Betet leise: „Liebe Mutter,
„Laß dein Kind nicht ganz verschmachten,
„Sende mir ein Gläschen Wasser!
„Gott erlaubt mir nicht die Sünde,
„Und auch nicht die heil'ge Jungfrau,
„Schwester, Schwester, süße Schwester,
„Sende mir ein Gläschen Wasser!

„Gott erlaubt mir nicht die Sünde,
„Und auch nicht die heil'ge Jungfrau,
„Vater, Vater, lieber Vater,
„Einen Trunk der Tochter sende!
„Einen Trunk, sonst muß ich sterben:
„Bring mir Wasser, Wasser, Wasser,
„Einen Trunk und es geschehe,
„Was du hast gewollt, mein Vater!'

Kamen Diener mit Pokalen,
Silberbechern, Chinagläsern; —
Trank mit Gier die Delgadina,
Leerte Alles, — sank — und starb.

8*

Engel trugen sie zum Himmel,
Rein im Leben, rein im Tode; —
Doch den König, ihren Vater,
Traf die Rache der Dämonen.*)

———

Unter den Cedern Montezuma's in Chapultepec.**)

Montezuma! — Max der Erste!
And'rer Stamm und and're Blüthe —
Doch der erste Montezuma
Starb an Pfaffen und an Güte.

Armer Kaiser, guter Kaiser!
Lob ward dir aus allen Federn;
Doch um deinen Tod getrauert
Haben einzig deine Cedern.

———

*) Ich habe diese Gedichte selbst in Mexiko gesammelt und an
Ort und Stelle übersetzt; von circa 200 waren diese die einzigen,
welche überhaupt verdienten, daß man sich mit ihnen beschäftigte.
Alle diese und tausend ähnliche weit schlechtere Reimereien ent=
stehen in Mexiko bei den sogenannten „Fandangos" (ländliche Feste
mit Tanz und Gesang) von liebes= oder pulquetrunkenen Improvi=
satoren. Irgend ein müßiger Mensch sammelt sie dann, wie man
bei uns Leierkastenlieder sammelt, und läßt sie in schlecht ausge=
statteten, dünnen Büchelchen drucken, die man an den Straßenecken
verkauft. Der Verfasser der einzelnen Lieder wird nie genannt,
gewöhnlich hat er auch keinen Grund, auf sein Opus stolz zu sein.
In der Romanze „La delgadina" habe ich mir eine Freiheit erlaubt:
der mexikanische Dichter läßt nämlich die ekelhafte Geschichte in
einer ganz anderen Art und zwar so enden, daß man gebildeten
Leuten nicht zumuthen kann, den Schluß zu lesen.

**) Dieses Gedicht entstand in der Hauptstadt Mexiko's zu
derselben Zeit, als Kaiser Maximilian I. so schwach war, anerkannte
Banditenchefs, die sich „Liberale" nannten, nicht nur zu begnadigen,
sondern sogar in's Cabinet zu wählen.

Ernst, mit düster'm Moos behangen,
Steh'n sie weinend noch auf Erden,
Bitten Max, den d e u t s c h e n Kaiser,
Hart — wie Eisen hart — zu werden.

Nächtlich tönt's durch ihre Wipfel:
„Kaiser, du hast keine Ruh' da;
„Wirst du hart nicht, — hart wie Eisen, —
„Montezuma, Montezuma?!

„Armer Kaiser, guter Kaiser!
„Alles hast du hingegeben:
„Erst dein Reich dem düstern Spanien,
„Dann für Christen selbst dein Leben!"

Werde hart, du deutscher Kaiser;
Keine Güte schafft dir Ruhm da,
Denn die Cedern flüstern warnend:
„Montezuma! — Montezuma!"

Der erste gefangene Turko.

Im Feuer stand bei Weißenburg
Das fünfte Regiment
Der tapfern Bayern Infant'rie,
Die man mit Achtung nennt.

„Daß dich die Pest", ein Hauptmann brummt,
„Daß dich die Schwerenoth!
„Die Kerle schießen wirklich mir
„Den letzten Turko todt.

„Wie Fliegen fallen die da um,
„Es ist nicht auszustehn,
„Ich hätte solchen Heiden gern
„Lebendig 'mal besehn."

Wenn's das nur ist, denkt Köhler sich,
Dann ist die Sach' nicht schwer:
„Du Kam'rad, halte mir doch 'mal
„A Bissel mein Gewehr!"

Und durch den Kugelregen springt
Er auf die Turkos los
Und packt den Nächsten beim Genick
Und sagt: „Komm mit, Franzos!"

Er hält ihn seinem Hauptmann hin
Und salutirt und spricht:
„Da haben's aanen, doch verzeih'ns,
„Der Schönste ist es nicht!"

Beim Schanzen.

Wat is denn des vor een Gebrumm?
Brummt so nich Mont Valerium? —
Der is ooch mißvergnügt toujours
Un schießt manch' Loch in die Natur.

Hoho, mon cher Valerium,
Wat wirfst du denn den Schanzkorb um
Un schmeißt mir Erde in's Jesicht?
Weest du, sehr höflich is det nicht!

Un d'rum, verehrtes Publikum,
Sobald et blitzt, denn fällst du um,
Dieweil een Bombenstück zur Frist
Im Leibe noch jenirlich ist.

Wir danken dir, Valerium,
Du sorgst doch vor Petroleum,
Un des man in der finstern Nacht
Nich zuviel Stiche unnütz macht.

Kar'line, jlätte dein Jesicht,
Denn jede Kugel trifft jo nicht
Un is man bloß uf seiner Huth,
Schanzt sich's beim Bombenfeuer gut. —

Man steckt sich eene Pfeife an,
Un fühlt sich janz zu Hause dann,
Det heeßt, wenn man als Mensch un Christ
Een Solidat un Lichtfreund ist

    wie Kutschke
  der Jeheimnißvolle.

Aeberall.

Wohin man niest ist „old England"
Dieses kosmopolitische Wesen,
Speit einmal heftig der Vesuv,
Ist John Bull der Bespie'ne gewesen.
 Ist eine Negerkönigin wo
Eines schwarzen Prinzen genesen,
Gleich wird's beschrieben in der „Times",
John Bull ist dabei gewesen.
 Wo an der Seine die Waschfrau wäscht,
Auf der Alm Senn'rinnen käsen,
Bei jedem großen und kleinen Quark
Ist John Bull Zuschauer gewesen.
 Er weiß, wie in der Walpurgisnacht
Die Hexen bestiegen die Besen,
Und was am Brocken der Teufel gesagt,
Kann in der „Times" man lesen.
 Und wenn ein Judas den Heiland verräth
Bei den Lappen oder Chinesen
Ist ein englischer Gentleman
Sicher dabei gewesen.

Man nich ängstlich.*)

Die Zuaven haben aus Afrika
Einen Falken importirt,
Und über des Vogels Courage ist
Ganz Frankreich exaltirt.

Sonst folgen Aasgeier und Raben nur
Der Spur der großen Armee,
Und nun wagt ein edler Vogel sich
Mit Zuaven über See.

Na man nich ängstlich, Spree=Athen,
Ein Falke, was kann da sein?
Wir haben die Adler von Waterloo
Und den Vogel von Falckenstein.

---

*) Das „Journal de Marseille" brachte folgende kuriose Ge=
schichte: Bei der Ausschiffung des ersten Zuaven=Regiments konnte
das Publikum auf dem Tornister eines Soldaten einen prächtigen
Falken sitzen sehen. Wir haben hierüber von einem Offizier des
Regiments folgende Erzählung entgegengenommen: Dieser Vogel
gehört dem Trompeter Verrier, welcher ihn im Dschebel=Amur fing.
Sie machten miteinander den Feldzug in Marokko unter General
Marmier mit. Im Gebirge auf die Jagd in die Lüfte entsendet,
verschaffte der Falke gar oft mit großer Gewandtheit den Bedarf
für die Speisekammer. Als nun das Regiment Befehl zum Ab=
marsche erhielt, setzte der Trompeter, so sehr es ihn auch mit Weh=
muth erfüllte, den treuen Gefährten in Freiheit. Nach breitägigem
Marsche war der Vogel nahezu vergessen, als man ihn im Lager
von Ben Tschikao mit einem Male wieder in der Luft erscheinen und,
nachdem er eine Weile gekreist, sich auf den Rücken seines alten
Freundes setzen sah. Er wurde mit allgemeiner Akklamation
empfangen, und man beschloß, daß der Falke den preußischen Feld=
zug mitmachen solle. Dies die Veranlassung zu obigen Versen.

Up and down.

Es ist mein Trost, seh' ich wie Unverstand
Und Schlechtigkeit sich nährt mit leichter Hand,
Daß an dem Glücksrad, das das Schicksal treibt,
Dieselbe Speiche nimmer oben bleibt.

Liebe.

Die Liebe wär' ein würd'ger Zeitvertreib,
Wenn uns zu eigen ew'ge Jugend bliebe,
Und nicht die Zeit die Liebe bald vertriebe.

Schneeordenssterne.

Im Himmel ist Weihnacht! Der Herr bedenkt
Uns gnädig aus ewiger Ferne,
Er hat auch mich armen Poeten beschenkt
Mit kunstvollem Ordenssterne.

Wie blitzt er so prächtig auf meiner Brust
Im Scheine der Weihnachtskerzen,
Ich bin decorirt, o welche Lust,
Und danke dem Geber von Herzen.

Und brauche dafür mich zu bücken nicht
Und keine Grimassen zu schneiden,
Und habe kein Hofpoetengesicht
Und auch keine Rückenleiden.

Nur Ein's ist fatal und störet mich
Im himmlischsten Schneeergötzen,
Ich kann, o göttlicher Orden, dich
Bei keinem Juden versetzen.

———————

Hohe Verwandtschaft.

Sie tragen die Nasen fast so hoch
Wie ihre erlauchten Ohren,
Sie sind direckt mit den Sternen verwandt
Und hochwohl= und ebelgeboren.

Für ihre Cigarren hat Gott der Herr
Die Sternschnuppen angeblasen,
Die Milchstraße ist ihr Taschentuch,
Sie putzen darin ihre Nasen.

Mit dem Orion sind sie Du
Und schütteln dem Bären die Tatzen,
Der Hundsstern lächelt vergnügt dazu,
Es stammen von ihm die Spatzen.

———————

Toleranz.

Du liebtest einen Katholiken erst
Und gabst demselben willig Herz und Hand,
Dann gingst du mit 'nem blonden Lieutenant durch,
Und dieser Lieutenant war ein Protestant.

Amine, Kind, wie bist du tolerant
(Der Erste bin ich, der es laut bekennt)
Dein Dritter war ein Rabbi und du hast
Versöhnt das alt' und neue Testament.

Ein Heide ist's, der jetzo für dich brennt
Und seufzend nun zu deinen Füßen liegt,
Weit ist der Tempel deines Herzens, Kind,
Und alle Glaubenszweifel sind besiegt.

Viel kommt d'rauf an, wo einst dein Tempel liegt,
Du hohes Muster toleranter Frauen,
Und wenn du eines Freundes Rath befolgst,
Läßt du ein neues Babel für dich bauen.

An eine Namenlose.

I.

Sagtest mir, du liebest mich!
Hänslein, war das nicht gelogen,
Und hast du, zu deinem Schaden,
Herzchen, dich nicht selbst betrogen?

Spieltest dieses Solodrama,
Dich einmal zu amüsiren;
Doch, o weh, das Publicum
Thät sich schrecklich ennuyiren.

Denn du hast Nichts für die Tragik,
Und ich glaube, daß in allen,
(Weil ich mich nicht todtgeschossen)
Du entsetzlich durchgefallen.

II.

Habe viel in O und Ach,
Mich bejammert — armes Thierchen —
Aber heute schmeckt mir wieder,
Wie zuvor, mein Weinchen, Bierchen.

Sei nicht böse, daß ich lache,
Daß ich trinke, Lieder schreibe;
Billig Bier und theures Pulver
Machen, daß ich leben bleibe.

III.

Ich habe die Schwindsucht, das kommt davon!
Um schneller zu erblassen,
Hab' ich mein woll'nes Unterzeug
Acht Tage ausgelassen.

Ich weiß, das ist Selbstmord, doch never mind,
Es ist ein originaler;
Wär nicht so theuer das Silbergeld,
So schluckte ich harte Thaler.

Ich ließe, wär' ich gestorben daran,
Dir meinen Leichnam vermachen, —
Ich weiß, du liebst, als Künstlerin,
So originelle Sachen! —

Frühlingsfarben.

Wie ist so blau der Himmel,
So grün die weite Flur,
So goldig die liebe Sonne,
So duftig die Natur.

Wie sind so weiß die Blüthen
An jenem Apfelbaum,
So roth die Schlehenknospen
Am schattigen Waldessaum

Und daß man alle Farben
Im Freien bewundern kann,
Zieh' ich zur Sonntagsfeier
Mir schwarze Hosen an.

Vergänglich.

Kaum war in lauer Frühlingsluft
Das Herz mir aufgegangen,
So sah ich schon im Sommerglüh'n
Der Blüthen Köpfchen hangen.

Und hatte kaum der Sonne Kuß
Die Rosen mir erschlossen,
So wurde schon des Herbstes Thau
Kalt über sie ergossen.

Kaum sah ich dich, Ophelia,
In tausend Reizen prangen,
So ist mir über wattirte Kunst
Ein Gaslicht aufgegangen.

Nur von dem Wein, dem wahren, ist
Beständigkeit zu hoffen;
D'rum, Brüder, nehmt das Glas zur Hand:
'S wird lustig fortge—trunken.

Xenien.

I.

Sagt, was klagt ihr, daß die Leute ihre Zungen an euch wetzen,
Kann ein ungewasch'nes Maul denn einen guten Ruf verletzen?

Jeder weiß, daß aus Cloaken keine Seele Gold wird graben,
Und daß Raben keine süßen Töne in der Kehle haben!

II.

Sagte man: Mein Widersacher habe dies und das gesprochen,
Hat es stets in meiner Nähe nach Verleumbung mir gerochen;

Solche, die dazwischentragend bitt're Neuigkeiten bieten,
Sind ganz sicher große Esel, wenn nicht kleine Jesuiten!

III.

Bietet man mit groben Worten dir für deine Thaten Prügel,
Halte deinen Zorn wohlweise bis auf weiteres im Zügel,

Aber sollte man, mit Fingern nur, dich zu berühren wagen,
Mußt du gleich mit Hebebäumen frischen Muth's dazwischen schlagen.

IV.

Ob sie sich den Kopf zerbrechen: was ich bin, und wo ich
wohne,
Ob sie mich zur Biene machen oder auch zu einer Drohne,

Daran kann dem Geistesritter doch am Ende wenig
liegen,
Fragt man denn die Nachtigallen nach dem Ort, wohin
sie fliegen?

V.

Ich bin Ritter; denn ich trage einen Helmschmuck von
Gedanken,
Meine Knappen sind die Lieder, die mir folgen sonder
Wanken,

Meine Lanzen sind die spitzen Worte für die Menschen=
Kröten,
Meine Schwerter kurze Xenien, Ungeziefer mit zu tödten.

VI.

Grobheit ist die allerbeste von den guten Himmelsgaben,
Suche dich, so viel als thunlich, an derselben zu erlaben;

Sage Denen so die Wahrheit, welche Schmeicheleien
lügen,
Daß sie schnurstracks auf den krummen, dummen Katzen=
buckel fliegen.

VII.

Bete nicht, daß Gott dir schenke eine Schaar von guten
Freunden,
Bitte lieber, daß er segnend dich beglückt mit ein'gen
Feinden,

Feinde sind das Salz des Lebens, Freundschaftszucker
schwächt den Magen,
Zuviel Glück und zuviel Freundschaft sind nicht lange zu
ertragen.

VIII.

Wenn ich dir von Liebe rede, lachst du auf und willst
nichts wissen,
Ja, du hältst es selbst für Scherz nur, will ich dich im
Ernste küssen.

Nun, du wirst so lange zweifeln, bis du es wirst glauben
müssen;
Denn dein Scherz wird mich noch zwingen, mich im Ernste
todt zu schießen.

An den leidenden Dohm.*)

Schon wieder, o Freund, begrüßen wir dich
In des Molkenmarktes Gefängniß
Und doch bist du rein wie der lichte Tag,
Beschattet dich auch das Verhängniß;

-----

*) Als derselbe wegen Verspottung der „unbefleckten Empfäng-
niß" beigesteckt wurde.

Und weil du so rein empfangen bist
In des Molkenmarktes Gefängniß,
So thu' uns die Liebe und glaube jetzt
An die unbefleckte Empfängniß.

———

An einen Selbstmörder.

Du armer, armer Kennedy
Sie wollen dich nicht begraben;
Ja, warum bist du ertrunken auch,
Ohne Erlaubniß dazu zu haben?

Zwar, wär' ich du, ich möchte mich
Wohl trösten auf der Stelle,
Denn „bei die Kälte" ist besser nichts,
Als 'ne gutgeheizte Hölle.

———

Inschrift für eine Flasche.

Wie kann man wollen, daß ein Mann
Für Flaschen schwärmen soll? —
Denn voll ist er, wenn diese leer,
Und leer, wenn sie noch voll.

———

Mexikanische Sinngedichte.
Aus den Tagen des Kaiserreichs.

General Lozada.

Ein Mann, wie du, den nenn' ich einen Mann:
Kuhhirt, Bandit, Gen'ral — stark, starr und stolz.
Wär' doch des Habsburgshauses weichster Sproß
Geschnitzt, wie du, aus hartem Galgenholz!

———

Die mexikanischen Pfaffen.

Seitdem es den Schwarzen so gut hier gefällt,
Seitdem floh der Teufel der übrigen Welt.

———

Das Pulque.*)

Das Pulque wär' das trefflichste Getränke,
Wenn es so kräftig nicht nach Schweinesäcken stänke.
So geht es mit dem Volk: es wäre gut und brav,
Verdürb' es nicht der fette Freßsack: „Pfaff". —

———

An die Franzosen.

Zum Erobern zogt ihr aus,
Tapf're Jungen von der Seine,
Und ihr werdet auch erobern,
Ist's nicht Gold, sind's „Lausebeene".

———

*) Agavewein.

Mexiko.

Du schönes, reiches, wunderbares Land
Gleichst einem Demantring in „todter Hand.‟

Die vier Elemente Mexiko's.

Mit des heiligen Geistes Feuer
Hat euch Spanien gesegnet.
Wassermüllern schickte Deutschland,
Daß es naß sei, wenn es regnet.
In die Erde wühlt' sich England,
Eure Schätze auszugraben,
Und den Wind könnt ihr nun gratis
Von den Herrn Franzosen haben.

Juarez.

„Der Usurpator, Dieß — der Kaiser ohne Land
„Ist keinen Medio werth, wird nirgends anerkannt,
„Ist — ist — ist — ist —‟ komm', Juarez, zur Ruh';
Was, Präses ohne Stuhl, was bist denn du?

Wolken.

Wie das dümmste Wölkchen oft
Unsern Sonnenball verdunkelt,
So verdunkelt ein Hans=Dunst
Wohl den Geist, der witzig funkelt;
Doch am Ende siegt das Licht
Ueber Wolken und Gezücht.

An Herrn Schaf....

Weshalb für mich der Schloßpark offen sei,
Das konnten Sie, Herr Burgvogt, nicht begreifen?
Ich sollte lernen, daß nicht Nachtigallen,
Doch grobe Gimpel darin pfeifen.

Verschiedener Enthusiasmus.

Lesen sie „Jung Stilling's Leben",
Sind von Frommheit sie durchdrungen,
Freuen sich, daß er als Schneider
Hallelujah auch gesungen;
Doch war, was ich einzig schön fand
An dem „frumb und dumben Jungen",
Daß er pumpte, wie ein Lieut'nant,
Und daß dieses ihm gelungen.

An eine witzige Frau.

Ah! welche Weisheit, gnädige Frau,
Ja, ja, die Herr'n Gazellen
Sind große Frösche der Sahara,
Die mit den Schwänzen bellen.

Alte Sprüchwörter mit neuen Randglossen.

1.

Wer Kleines nicht ehrt, ist Großes nicht werth!
D'rum wurde den dankbaren Völkern bescheert
Die Krupp'sche Kanone für Flinte und Schwert.

2.

Wer nicht liebt Wein, Weib und Gesang
Der bleibt ein Narr sein Lebenlang.
Doch spart er sein Geld und wird nicht krank.

3.

Man soll von den Todten nur Gutes sprechen!
D'rum sterbt nur getrost in euren Schwächen.

4.

Drei **W** bringen uns viel Pein:
Weiber, Würfel und Wein.
Doch braucht deßhalb Niemand Mucker zu sein.

5.

Wer A sagt, muß auch sagen B
Nur kennt nicht Jeder sein Abc.

6.

Einmal ist Keinmal,
D'rum schlage nur todt!
Einmal ist Keinmal,
Es hat keine Noth.

7.

Wo Aas ist, sammeln sich Geier,
Wo Syrup fließt, die Fliegen,
Wo Geisblatt steht, die Ziegen,
Wo Wahrheit wohnt — die Lügen.

8.

Je später der Abend, je schöner die Leute,
Je größer der Dalles, je früher pleite.

9.

Abel sitzt im Gemüthe, nicht im Geblüte.
Vornehmer als mancher Graf ist sein Gestüte.

10.

Besser allein, als in böser Gemein,
Besser mit Schuften als Frömmlern sein.

11.

Mit großen Herrn ist schlecht Kirschen essen
Doch möcht' ich drum nicht mit Knechten fressen.

12.

Die Alten zu Rath, die Jungen zur That!
Aber wie, wenn man zuviel junge Greise hat?

13.

Auge um Auge, Zahn um Zahn,
Doch fange nicht bei den Zähnen des Nächsten an.

14.

Das Alter sollst du ehren,
Der Jugend wehren,
Die Thoren belehren,
Die Gecken theeren.

15.

Allzuscharf macht schartig,
Flegel klopft man artig.

16.

Bist du Ambos, sei geduldig,
Bist du Hammer, schlage zu,
Aber bleibe nie was schuldig
Schlägt man dich, so schlage du.

17.

Es beten nicht Alle, die in die Kirche gehn,
Doch bekreuzen sich Manche, die sie von Ferne sehn.

18.

Probiren geht über Studiren,
Lesen über Selbstfabriziren.

19.

Gewälzter Stein wird selten grün,
Doch ehrt man als Grauen, wen'ger ihn?

20.

Dem Muthigen gehört die Welt,
Wenn er nicht im Kampfe fällt.

21.

Guter Rath ist theuer,
Den Preiscourant hat jeder Meyer.

22.

Ein Jeder greife sich an sein Näsel,
Mancher nennt sich Müller und ist nur Esel.

23.

Verbindet dem Ochsen, der drischt, nicht das
Maul,
Nur die Dichter laßt hungern, viel Essen macht faul.

24.

Pack schlägt sich, Pack verträgt sich im Leben,
Sind die aber weniger Pack, die nichts vergessen
Und nichts vergeben?

25.

Es fand eine Perle ein blindes Huhn.
Es giebt sehende Adler, die das nicht thun.

26.

Nicht macht den Sommer eine Schwalbe,
Ein ganzer Mann gilt mehr, als acht halbe.

27.

Im Auge des Nachbars sehn sie den Splitter,
Im eignen aber den Balken nicht.
Es machen neun Splitterrichter mitsammen
Noch kein einziges gutes Gedicht.

28.

Besser das Dorf um die Kirche tragen,
Als gar keinen Schritt zum Ziele wagen.

29.

Alte Liebe roſtet nicht
Wird die Liebe nicht zur Pflicht.

30.

Den Sack ſchlägt man, den Eſel meint man,
Den Mund läßt man lächeln, das Herz verſteint man.

31.

Seel'ger als nehmen iſt geben,
Beſonders, wenn ſich's handelt um's Leben.

32.

Bier auf Wein, das laß ſein,
Freundſchaft auf Liebe ſchließe ein.
Wein auf Bier, das rath' ich dir,
Liebe auf Freundſchaft iſt Wein auf Bier.

33.

Oft raucht an den Sternen die Pfeife ſich an,
Der nicht einmal Tabak vertragen kann.

34.

Gieb dem Teufel ein Haar
Und er nimmt den Schopf.
Was liegt d'ran,
Behält man nur den Kopf!

35.

Ehre, dem Ehre gebührt.
Adlermanier keinen Spatzen ziert.

36.

Es hängt ihm der Himmel voller Geigen,
Was stört es euch, wenn sie nur schweigen.

37.

Es müßte vielen Kleister geben,
Wollt' man aller Leute Mäuler verkleben.
Ich würde kein Loth Mehl dazu geben.

38.

Er lügt wie gedruckt
Und ihr habt's ihm abgeguckt.
Die ihr nie etwas druckt.

39.

Ein Narr kann mehr fragen
Als zehn Weise wissen,
Aber kein Weiser wird antworten müssen.

40.

Backen und Brauen geräth nicht immer,
Gerathen Menschen schlecht so ist's schlimmer.

Kriegs-Xenien.

In Paris während der Belagerung.

Madame ladet nicht mehr „zum Essen" ein,
Sie sagt: „Messieurs à cheval!"*)
Auf hohem Rosse sitzen sie doch
Immer und überall.

---

*) Weil man Pferdefleisch aß.

Die Luftballons.

Erstaunt nicht, daß mit Luftballons
Sie nach auswärts korrespondiren,
Intriguiren und echappiren!
Mit den größten Windbeuteln der Welt
Mußte die Luft sich associiren.

Die neueste Jungfrau von Orleans.

Die Deutschen glauben das Wunder nicht
— Wir sind von Begriffen so schwer —
Und doch bleibt's ein Wunder! wo käme sonst
In Paris eine Jungfrau her?

An Bismarck.

Sticht dich der „Floh", so laß den Schmerz
Mit diesen Worten dir besprechen:
„Wär' nicht dein deutsches Blut so gut,
„So würde auch kein „Floh" dich stechen."

Eselfleisch.

In Paris sei theuer das Eselfleisch?
Natürlich, wie sich's gebührt:
Wir haben ja 's halbe Kaiserreich
Nach Deutschland exportirt!

An IHN auf Wilhelmshöhe.

Du warst der Welt ein Phänomen
Und bist es heute noch Allen;
Denn du bist — wie kein Mensch vor dir —
Aus der Tief' auf die Höhe gefallen.

An Garibaldi.

Selbst Esel schlagen den Löwengreis,
Ist in der Fabel zu lesen.
Ich fürchte, du großes, altes Kind,
Bist dein eig'ner Esel gewesen.

An Victor Hugo.

Du bist das Volk, das Volk ein Wall,
Und ihr Alle seid Kugelspritzen;
Ein jeder Franzose wird zum Zeus,
Zerschmetternd die Preußen mit Blitzen!
Bei Gott, Victor, dein Wahnsinn hat
Trotz alledem Methode:
Wenn du so weiter fort proklamirst,
Lacht Deutschland sich zu Tode.

Rochefort.

Auch du hast gestänkert, zum Kriege gedrängt
In deiner Weise so gerne,
Wie lange wird's währen und man singt:
Rochefort à la lanterne.

Gambetta.

Nicht einen Stein, keinen Fußbreit Land
Willst du den Deutschen bewilligen?
Nun, von deinem Standpunkt im Luftballon
Kann man den Wunsch wohl billigen.

Thiers.

Ein Waffenstillstand wäre dir willkommen?
Getrost, die Waffen sollen bald zur Ruhe kommen!
Sie werden euch ganz einfach abgenommen,
Uns, euch und aller Welt zum Frommen.

19. Juli und 2. September.

Die Herren Franzosen schickten uns
Mit vielem Schreien und Schimpfen
Die Kriegserklärung nach Berlin
Durch ihren Herrn von Wimpffen;
D'rauf thäten wir ihnen avec Elan
Staar stechen und Pocken impfen,
Und sie übergaben bei Sedan
Sich wieder durch Herrn von Wimpffen.

St. Cloud.

Daß ihr St. Cloud zerschossen habt
Ward mit Bedauern gelesen,
Aber, lieben Freunde, das ist doch
„Pour le roi de Prusse" gewesen.

Mont Balerien.

Ja, das ist wahr, Mont Balerien
Gehört zu den „werthlosen Höhen"!
Ihr könnt von dort nicht einmal mehr
St. Cloud euch gratis besehen.

Hunger ist der beste Koch.

Der Hunger sei der beste Koch,
Behaupten Weise und Thoren,
Und doch hat Mancher den Appetit
Durch ihn für immer verloren.

Und doch hat er der stolzen Metz
So gründlich den Brei versalzen,
Daß sie nach deutscher Melodie
Und Pfeife lernte walzen.

Und doch war Herrn Bazaine's Armee
Auf deutsche Kost so versessen,
Daß selbst die wilden Turkos zahm
Aus uns'rer Hand gefressen.

————

Beim Anblick der ersten Mitrailleuse in Berlin.

„Bei Gott,“ sagt Hirsch, ein weiser Mann,
Der mit Makk'roni handelt,
„Vor diesem Dinge hätte mir
„Die Forcht nie angewandelt.

„Was macht die Welt für ein Geschrei
„Und „Kladd'radatsch“ für Witze?
„Das ist doch bloß, bei meiner Treu',
„'Ne verbesserte Nudelspritze!“

————

Kain.

Ihr fragt mich, wohin Kain geflohen sei,
Der seinen Bruder erschlagen?

Ich schwör' euch, es hat sein verfluchter Fuß
Ihn nach Lothringen getragen! —
Wo man Deutsche mit siedendem Oel empfängt,
Blessirte mordet um Beute,
Wo man deutsch noch spricht und französisch denkt,
Da giebt es Kains noch heute.

Musikantenstreiche.

Beim neunundsiebzigsten Regiment
Der Hildesheim-Infant'risten
Befand sich ein gar durstig Corps
Tapf'rer Hautboisten.

Die hat man hinter die Front gestellt
Zu ihrem schweren Verdrusse,
Dieweil der tapf're Oberst meint:
Weit sei gut vor'm Schusse.

Am neunten Jänner ging's Regiment
Gen St. Vincent recognosciren,
Und auf 'ner andern Straße muß
Die Musik marschiren.

„Pfui Teufel, sagte der Dirigent,
„Das ist ein Zug ohne Ehre,
„Wie degradirt marschirt man hier
„Ohne Schießgewehre!"

Und rüstig vorwärts marschirt die Schaar,
Bis die Sonne untergegangen.

Und sie beim Glanz des frischen Schnee's
In ein Dorf gelangen.

Die Schenke war mit Feinden besetzt,
Es waren zwölf Franctireure,
„Na schmunzelte der Dirigent,
„Nu giebt's ja Gewehre."

„„Gewehre und Wein, ruft Schulze aus,
„„Mehr kann man doch nicht verlangen,
„„Con tempo furioso, meine Herrn,
„„Druf und dran gegangen!"""

Mit lautem Hurrah und dem Elan
Neunundsiebziger Infant'risten
Stürmte muthig die Schenkenthür
Das Corps der Hautboisten.

Und sauve qui peut ist der Off'zier
Zum Fenster hinausgegangen,
Erobert waren die Chassepots
Und ihre Herren gefangen.

Und schmunzelnd annectirt die Musik
Der Feinde blanke Gewehre,
Und leerte etliche Schoppen Wein
Und gab dem Herrn die Ehre.

Mit elf Gefangenen thäten sie d'rauf
Nach St. Vincent marschiren
Und der Herr Oberst hat schmunzelnd g'sagt:
„Das nenn' ich Musiciren!"

Sansculottes.

Rittmeister Korf brennt vor Begier,
Sich mit dem Feind zu messen,
Den Brei zu versalzen den Franktireurs,
Das wäre so ein Fressen.

Er möchte gern ein Reiterstück,
Gewagt und kühn vollführen,
Und die Helden des Mauls mit deutschem Elan
Attaquiren, cerniren.

Da kommt vom Hauptquartier Befehl:
„Keine Gefang'nen machen!"
Rittmeister von Korf brummt in den Bart:
„Teufel, was faule Sachen!"

Und Tags darauf nimmt seine Schwadron
Dreihundert Mann gefangen;
„Die werden na nu," brummt ein Reitersmann,
„Erschossen und gehangen!"

„Mit nichten," spricht Rittmeister Korf,
„Wie käm' ich zu der Massacre,
„Zieht einmal die dreihundert Hosen aus,
„Ihr gefangenen Racker!

„Und unterschreibt dies Dokument,
„Es steht darin zu lesen,
„Daß ihr in preußischer Reiter Hand
„Kriegsgefangen gewesen!"

Das freute die Mobilgard' schier
— Es sind gescheidte Leute —
Sie ließen die rothen Pantalons
Uns gern als Siegesbeute.

Sie liefen spornstreichs nach Paris
Und machten aus sich viel Wesen,
Denn man hat seit Robespierre nichts mehr
Von Sansculotten gelesen.

———   *Georg Herwegh*

Gefallner Dichter, schäme dich.

„Viel lieber als ein deutscher Preuß'
„Möcht' ich ein Deutsch=Franzose sein!"
War damals deiner Rede Sinn;
Ich aber dachte still: „Wie klein!"

Als ich dir sprach von Einigkeit
Des ganzen Deutschlands, riefst du laut:
„Nur aufgepaßt, wie Michel schwenkt,
„Sobald ihn der Franzose haut."

Du priesest mir mit warmem Wort
Die sieggewohnte Franken=Schaar,
Dieweil das edle deutsche Heer
In deinen Augen gar nichts war.

Nun machst auch du in „Schutz und Trutz"
Und stürzst auf deine Leier dich,
Damals that mir dein Kleinmuth weh',
Doch heute schäm' ich deiner mich.

10*

Weh' dir, daß du ein Dichter bist,
Der immer feige noch versteckt
In seiner Selbstsucht Spritzfell ist,
Wenn Deutschland sich mit Ruhm bedeckt.

Weh' uns, daß du nur jubeln kannst,
Wenn irgendwo ein Kaiser fällt,
Daß du zurück dich konzentrirst,
Indem doch vorwärts stürmt die Welt.

Posthumer Dichter, deine Zeit,
Die arme, kleine, ist vorbei;
Das Zeitenrad, das ewig rollt,
Brach deine Leyer längst entzwei.

Aus den zerriss'nen Saiten stöhnt
Nur Freudenklang bei fremdem Leid,
Doch sei getrost! auch ohne dich
Erstarkt die deutsche Einigkeit,

Auch ohne dich ward Deutschland groß
Und wandte unser Schicksal sich,
Die Muße aber klagt dich an,
Gefallner Dichter, schäme dich.

Was ist ein Philister?

Man sagt: ein Philister
Hat viele Geschwister;
Bald ist er nur Küster
Und bald ein Minister.

Die Bierseidel küßt er,
Die Lippen vergißt er,
Im Spiele stark ist er,
Der Herr Philister!
Dagegen viel ißt er,
Viel schnupft und viel nießt er,
Zum Wohlsein, Philister! —
Ist er gar ein Priester,
So wandelt er düster
Unter Pappel und Rüster —
Die Weltsünden büßt er,
Der Priester=Philister.
Und selten viel ist er,
Der Herr Philister.
Ob Laie, ob Priester,
Professor, Minister,
Ob Oberst, ob Küster,
Er ist nur Philister!

Die Promenade nach Berlin.

So haben wir denn die grande nation
Wirklich beim Wort genommen:
Sie ist, dreimalhunderttausend stark,
Zu uns über'n Rhein gekommen.

Sie hat eine lustige Fahrt gemacht
In diesen heiteren Tagen,
Wir haben aus purer Höflichkeit,
Sogar ihre Waffen getragen.

Weitauf sprang jedes Festungsthor,
Sobald nur die Tapfern nahten,
Sie zogen ein en promenade,
Ohn' daß einen Schuß sie thaten.

Man hing sogar die Flaggen heraus
Und Hurrah schrie'n die Jungen,
Und unser deutsches Poetenheer,
Das hat sie angesungen.

Viel deutsche Damen empfingen sogar
Die Gäste mit Liebesgeberde,
Nicht viel mehr fehlte, so hätten sie euch
Gar ausgespannt die Pferde.

Ihr habt, als Gäste der deutschen Nation
Speck und Kommißbrod gegessen,
Und euer petit Napoleon
Hat warm bei uns gesessen.

Da nun eine Liebe der andern werth,
So laßt ihr's vielleicht geschehen,
Daß wir uns euer schönes Paris
Jetzt etwas näher besehen.

Unfehlbar.

Wie ihr unfehlbar die Nasen rümpft,
Sagt man ein Wort von Unfehlbarkeit!
Ist nicht unfehlbar der heilige Krupp
In dieser unfehlbar eisernen Zeit?

Unfehlbar ist unser Moltke dann,
Der die unfehlbaren Pläne baut;
Unfehlbar ist Kronprinz Friedrich auch,
Der die Franzosen unfehlbar verhaut.

Und ich, ich möchte unfehlbar nicht
Mein seeliger Urgroßvater sein;
Denn uns're Zeit ist unfehlbar groß,
Und seine Zeit war unfehlbar klein.

Ein Hoch dem unfehlbar heil'gen Wein
In dieser unfehlbar trunk'nen Zeit,
Den deutschen Kriegern ein dreifach Hoch
Und der Deutschen Waffen Unfehlbarkeit.

Zu Shakespeare's 300. Geburts- und 248. Sterbetage.

Cincinnati, den 23. April 1864.

Wenn ich an Shakespeare denke, ist mir's immer,
Als müßt' ich einem Bauwerk ihn vergleichen,
Das einfach, dauernd, groß und schmucklos ist,
Doch dessen Größe And're nie erreichen.

Den Pyramiden gleich, den räthselhaften,
Steht er Jahrhunderte unüberboten,
Und heute noch mit tausend Weiheschalen
Naht, opfernd, eine Welt dem großen Todten.

Er ganz allein, ein starker Dichterkönig,
Hat Felsenblöcke sich zum Grab getragen,
Hat sie zur Pyramide aufgethürmt,
Damit den Zeitstrom kühn zu überragen.

Und dieses Bauwerk, das mit eh'rnen Flügeln
Die Zeit und ihre großen Geister schlugen,
Hat noch kein stolzer Dombau überboten,
Ob Tausende zu ihm die Steine trugen.

In seinem Innern ruht der große Todte,
Den ewiggrünen Lorbeer um die Stirne,
Indessen all' die klein'ren Geister kreisen,
Als Adler um des Grabes Felsen Firne.

Posthumer Todter! Fürst der Dichterfürsten
Dem Tausende in ihrer Sprache singen,
Mag auch das Lallen kindlicher Verehrung
Durch deines stolzen Grabes Fugen dringen:

Wir sind nur Schüler,
Du bist der Meister,
Dein Geist durchdringe
Stets uns're Geister.
Dein Geist belebe,
Was wir ersinnen,
Durchgeist'ge segnend,
Was wir beginnen.
Du bist kein Brite,
Gehörst der Erde,
An beide Pole
Schlug an dein: „Werde!"
Was du geschaffen,
Gehört uns Allen,
Als wären's Lieder
Der Nachtigallen.
Dein Geist ist Vater
Von allen Geistern,
Du bist der größte
Von allen Meistern.
Dein Sang erklingt noch,
Wenn längst zerfallen
Die Säulen liegen
Der Dichterhallen.
Dein Stern erglänzt noch,
Wenn längst die Sterne
Verglüht, erloschen sind
In fernster Ferne,
Und darum opfernd

Zu deinen Füßen
Sinkt eine Welt hin,
Den Staub zu küssen.

— —

Prolog zur Feier von Schiller's 104. Geburtstage in Milwaukee.*)

Der Dichter, der die „Götter Griechenlands"
Zu Ehren brachte mit gewalt'gen Worten,
Hat auch Melpomene zurück geführt
Zu eines neuen Tempels gold'nen Pforten.
Die Kunst, die schlief, hat er emporgerüttelt:
„Wach' auf!", rief er, „sonst brechen deine Tempel;
„Drückt, Musen, euern reinen Jungfrau'nkuß
„Der Menschheit auf, als neuen Weihestempel."
Und sieh'! von seinem Wort hervorgerufen,
Entstand euch eine Welt von Idealen:
Die Musen reichen euch den Nektar-Trank
Aus Schiller's übervollen Perlen-Schalen,
Und lustberauscht vom ungewohnten Tranke,
Getrieben von der Kraft des innern Dranges,
Erkannte eine Welt in Friedrich Schiller
Den göttergleichen Meister des Gesanges.
Doch war er nicht allein der Worte Meister,
Er war's — was mehr will sagen, als das Singen —
Er war's, der uns voran den Schritt gethan,
Um uns're geist'ge Freiheit zu erringen.
Er war der Herold, der in seinen Dramen
Das blutigrothe Freiheitsbanner schwang,

---

*) Dieses Gedicht ist Frau Marie Pelosi in Milwaukee Wisc. als ein Zeichen aufrichtiger Freundschaft zugeeignet.

Der mit gewalt'ger Fauft den Wuft der Lüge,
Die Knechtfchaft des Jahrhunderts niederrang.
Ihr dankt ihm nicht allein den Kranz von Liedern,
Nicht nur den Cyclus unerreichter Dramen,
Ihm danken ihren lichten Freiheitsmorgen
Die Völker, die nach feinen Tagen kamen.
Einhundertvier der Jahre find verfloffen,
Seit diefer Dichter-Genius geboren,
Und noch ging keine Perle feiner Worte
Aus dem von ihm gewund'nen Kranz verloren.
Wir bieten heut', nach Göthe's klugen Worten:
„Wer vieles bringt, wird Manchem etwas bringen,"
Euch Scenen aus: „Don Carlos", „Tell" und „Jung=
                                              frau",
Und hoffen, euern Beifall zu erringen.
Schwer ift es, Jedermann gerecht zu werden
Und aller Leute Wünfche zu erfüllen;
Wir find neun Mufen, alle gleich gefchäftig,
Und können doch nicht Aller Klagen ftillen.
Der Eine will die heit're Thalia fehen;
Der liebt Melpomene, die Liederfchöne;
Die wollen Schiller, And're Kotzebue,
Shakfpeare und Göthe wollen wieder Jene.
Wir brachten fchon von Allem etwas dar,
Und möchten uns mit Niemand gern entzweien;
D'rum wählten wir, anftatt ein Trauerfpiel,
Drei hochberühmte Afte, heut', aus dreien.
Ihr aber, die ihr hold der Kunft euch zeigtet,
Habt Dank und bleibt derfelben treu zur Seite;
Wer fie begleitet, hat in böfer Zeit
Hinwiederum ihr liebevoll Geleite.
Wie arm ift diefes Leben an Erhab'nem,
Wie bald folgt Ueberdruß nach dem Genießen;
Die Kunft jedoch ift Nahrung für den Geift,

Und Friede wohnt allein zu ihren Füßen.
Du aber, Schiller's Geist, steig' liebend nieder,
Und gib der Muse deine Weihe wieder!

Zu Alexander von Humboldt's 100. Geburtstage.

(Chicago, 14. September 1869.)

Dem Denkerfürsten, den man segnend nennt
Vom Sonnenauf= zum Sonnenniedergange,
Dem Forschergeiste, der die Nacht bezwang,
Singt heut' das All mit leisem Sphärenklange.
    Hört Ihr's nicht rauschen wie mit Geisterton? —
    Hört Ihr nicht leises Memnonssäulen=Klingen? —
    Mir ist's, als stände ich am Libanon
    Und hörte wieder Wüstenfelsen singen.
Voll Harmonie ist heut' die ganze Welt!
Es rauschen ernst des Nordens düst're Föhren,
Des Südens Palmen zittern wehmuthskrank,
Der deutsche Eichwald klagt in dumpfen Chören:
    „Wir kannten ihn, den jungen Denkergreis,
    „O, daß er dieser Welt so früh entrissen!
    „O, daß die Menschen ihrer Tugend Preis
    „Im kalten Grab, im Tode finden müssen!
„Warum besiegt der Geist nicht Zeit und Tod? —
„Warum muß Menschen, welche Sterne messen,
    „Erkennend das Geheimniß der Natur,
    „Der Druck der Jahre in die Erde pressen?"
    So klagten sie! — Da klang von hoch herab
    Ein Trosteswort: „Gönnt ihm den Frieden!
    „Dem Greise ist ein sanftes Bett das Grab
    „Und buntes Leben bergen Chrysaliden.

„Die euch umgaukeln in der Frühlingszeit,
„Die Blumen küssend mit verliebtem Kosen,
„Die Schmetterlinge sind sein Frühlingsgruß
„Und herbstlich grüßt er euch durch seine Rosen.
„Er ist unsterblich wie das ew'ge All,
„Erhaben wie des Himmels hohe Dome,
„Unendlich wie des Weltmeers Wogenschwall
„Allüberall, wie Licht, Luft und Atome.
„Prometheus gleich, der Himmelsfeuer nahm
„Goß er das Licht des Wissens auf die Erde,
„Damit die Wahrheit Königin des Seins,
„Damit der Mensch der Erde König werde.
„Ein heil'ger Held schlug er den Lindwurm: „Nacht!"
„Ein Alexander hieb er durch den Knoten
„Des Aberglaubens, welcher ungeschlacht
„Manch' sphynxisch Räthsel dieser Welt geboten.
„Er war ein Heiland von dem Pfaffentrug,
„Im „Kosmos" legt er nieder seine Lehren,
„Er dichtete „das hohe Lied des Alls",
„Drum soll das All auch seinen Dichter ehren:
         „Zur Harmonie vereine
         „Dein Tönen heut', Natur,
         „Die Nachtigall im Haine
         „Schlage für Humboldt nur.
         „Vom Felsen rausche nieder
         „Melodisch, o Wasserfall,
         „Nur Hymnen und Jubellieder
         „Kling nach, o Widerhall.
         „Harmonischer möge klingen
         „Heute der Sphärenklang,
         „Lieblicher Lerchen Singen
         „Mische dich in den Sang.
         „Ihr Grillen und Zikaden
         „Schmettert im hohen Diskant

„Vereint mit Miriaden:
„„Das Lied vom Vaterland.'
„Doch ändert des Textes Worte
„Wie man sie sonst gelehrt.
„Und singt: „Des Deutschen Heimath
„„Ist wo man Humboldt ehrt!"
Es hat nicht Blut noch Eisen
Zu Ehren uns gebracht
Nur Humboldt's Weltgedanken
Haben uns groß gemacht.

Für unsere Waisen.

Cincinnati, Mai 1864.

Im Mai, dem Mond der Wonnen,
Wenn Alles grünt und lacht,
Soll jedes Herz sich sonnen
In lichter Frühlingspracht:
Den Reichen wie den Armen
Gehört das Frühlingsgrün,
Gehören die Blumenwelten,
Die auf zum Himmel blüh'n.

Und Jeder freut sich lächelnd
Der freundlichen Natur,
Der Lüfte, welche fächelnd
Durchkosen Wald und Flur.
Und Jeder eilt in's Freie,
Wo Gottes Odem weht,
Zu beten im großen Dome
Sein wärmstes Frühlingsgebet.

Auch ihr, ihr armen Waisen,
Zieht heute jubelnd hinaus,
Zu singen eure Weisen
In Gottes geschmücktem Haus;
Zu singen eure Lieder
Aus frühlingsfroher Brust,
Zu spielen munt're Spiele
In voller Jugendlust.

Ihr habt nicht Eltern heute
An eurer Seite steh'n,
Von Fremden das Geleite
Wird euch auf Auburn's Höh'n!
Doch diese Fremden sehen
Mit liebendem Aug' euch an,
Doch diese Fremden haben
Viel Gutes euch gethan.

Seid dankbar diesen Guten,
Die über euch gewacht;
Wie viele Herzen verbluten
In Kummers dunkler Nacht.
„Verstorben und Verdorben"
So heißt ein böser Fluch,
Küßt dankend die Hand, die helfend
Euch über den Abgrund trug.

Und nun, ihr guten Leute,
Die Liebes den Kleinen gethan,
Steigt auch mit ihnen heute
Zu Auburn's Höhen hinan;

Seht, wie sie sich kindlich freuen
Auf luftigem Wiesenplan;
Dann habt ihr durch die Kinder
Dem Heiland Gutes gethan!

––––

Ein Prolog

zum 17. Stiftungsfeste des „Ohio Turnvereins" in Cincinnati.

Vor sieb'nzehn Jahren, in dem großen Jahre,
Da Ketten brachen, Könige erbleichten,
War's, als zum „Cincinnati=Turnverband"
Die ersten Männer sich die Hände reichten.
Was, wundgeschunden von dem Fürstenjoche,
Fern über's Meer getragen seine Schmerzen,
— Ein Corps von Heimathlosen — schuf sich hier
Die erste Heimstatt für die deutschen Herzen.
Frisch! Fröhlich! Frei! Bei Wein und frohen Liedern,
— Ein lebenskräft'ger, deutscher Sängerorden —
Erstarkte er, und ist in Sturm und Zeit
Der Fackelträger für die Freiheit worden.
Auf seinen Schwertern stand: „Wir hassen Ketten!"
Auf seinem Banner aber war geschrieben:
„Das Licht ist Leben, Freiheit ist das Licht!"
Und diesen Worten ist er treu geblieben
In böser Zeit, als sich zum Himmel bäumte
Der Fremdenhaß, die tausendköpf'ge Hyder,
Da schloß er um das Deutschthum, kampfbereit,
Wehenden Banners, die bewehrten Glieder,
Und als, zum Schutz von Peitschen und von Ketten,
Der blut'ge Süden für Verrath gewoben,

Da hat der Turnbund, mit den besten Männern,
Donnernden Rufes, den Protest erhoben.
Das war ein and'res, bess'res Protestiren,
Als das der dinten=kranken Diplomaten;
Das neunte Regiment Ohios schrieb
Sich in's Geschichtsbuch ein mit — Heldenthaten!
Es sang das beste von den Turnerliedern:
(Wie Kugelsausen tönt's und Schwerterklingen):
Den Sklavenzüchtern dröhnt' es so in's Ohr,
Daß sie es nie mehr aus dem Sinne bringen.
Zwar Manchem barst, wie Roland einst geschah,
Die Ader bei dem wilden Notenschmettern,
Doch dafür steht er auf dem Ehrenschild,
Hoch oben an mit Ruhmes gold'nen Lettern.
Wir segnen sie, die für die Menschenrechte,
Fern oder nah, ein stilles Grab gefunden!
Wir segnen die Minuten ihres Tod's,
Da sie Vorläufer ew'ger Freiheitsstunden!
Ruht still, vereinsamt, ohne Leichensteine,
Wir ehren euch, auch ohne Aschenkrüge!
Ihr war't der Menschenfreiheit blut'ge Saat,
Und eure Waffen werden ihre Pflüge;
D'rum trauert nicht, und geht zum frohen Feste!
Was wir euch bieten kommt von gutem Herzen,
Und möge küssend euch, der junge Tag
Auslöschen erst das Licht der Festeskerzen;
Ihr Gäste aber seid vorher gebeten:
„Nehmt an dem frohen Fest recht heiter Theil,
„Und wünscht mit uns jedwedem guten Menschen,
„Sowie dem Turnerbund: „Heil! Heil! Gut Heil!‟

11

Zueignung.

(Aus dem „Schleswig-Holstein-Album".)

Indianern gleich, die Gold nur selten schenken,
Weil Gold geringen Werths in ihren Augen,
Nah'n wir bescheiden euch mit wen'gen Blättern,
Die nicht einmal zum stolzen Strauße taugen.
Waldkräuter sind's und arme Meerespflanzen,
Die keinen Stolz und keinen Hochmuth kennen;
Sie sind gepflückt, euch Linderung zu bringen,
Wenn nach der Schlacht die tiefen Wunden brennen.
Wir legen sie, wie kund'ge braune Krieger,
Euch an das Herz — dort brennt die schlimmste Wunde —
Und flüstern mahnend euch dabei in's Ohr:
„War noch die Stunde nicht, so kommt die Stunde!"
O glaubt daran, wie an die Christenliebe:
Verloren ist nur Alles den Verlor'nen!
Ihr aber seid der deutschen Eiche gleich,
Der in der Waldnacht und im Sturm Gebornen.
Sie zittert nicht, wie auch die Winde heulen —
Es war ihr Wiegenlied des Sturmes Toben, —
Und wie auch rings die andern Stämme brechen,
Sie hält das Haupt, das stolze, starre, oben.
Der Kranz, mit dem wir euren Stamm umwinden,
Enthält er Blüthen, dankt's den deutschen Meistern,
Die mit so manchem Sang, manch' Jahrzehnt schon,
Die Jugend für die Eiche hoch begeistern.
Wir banden ihre Blüthen zu den unsern,
Damit die Hudson- und Ohiokräuter
Nicht gar zu dürftig bei den Lorbeer'n liegen,
Die Andre wanden für die braven Streiter.

Was ihr auch seid, wenn diese euch erreichen,
Gleichviel, ob ihr Besiegte seid, ob Sieger,
Für euch ist unser heißer Bruderkuß,
Für euch, hochherz'ge Schleswig=Holstein=Krieger.

— — —

Toast

zum 50jährigen Jubiläum der „Concordia" in Stuttgart.

Man sagt, das Frauen mit den Jahren
An Schönheit nicht und Reiz gewinnen
Und daß sich alle Männer hüten
Um Fünfzigjähr'ger Gunst zu minnen.

Doch diesen Satz muß ich bestreiten,
Denn Frau „Concordia" straft ihn Lügen,
Sie war so schön noch nie wie heute
Und so gewiß uns zu besiegen.

Im stolzen Schmuck der fünfzig Jahre
Ist Frau „Concordia" schön zum Küssen
Und huld'gend liegt der greisen Dame
Ein Kranz von Frauen selbst zu Füßen.

Was hat sie wohl so schön erhalten? —
Weshalb steht sie so strahlend da? —
Die Eintracht that es ihrer Kinder —
Stoßt an — Hoch der „Concordia".

—— — — ·

11*

Prolog für die Guttenberg-Feier in Stuttgart
am 24. Juni 1871.

Als unser Johann Guttenberg
Zu Mainz den Bücherdruck erfand,
Da hat der Pfaffen kluger Mund
Sein Thun die „schwarze Kunst" genannt.
Es war fürwahr die schwarze Kunst,
Denn damals herrschte dunkle Nacht,
Und Guttenberg hat in die Welt
Des Wahns das erste Licht gebracht.
Er holte — wie Prometheus einst —
Hoch vom Olymp herab das Licht
Und seinen Jüngern fehlt noch heut'
D'rum der Prometheusgeier nicht,
Der immer frißt und nimmer ruht,
Der nie von seinem Opfer weicht,
Dieweil die „schwarze Kunst" durch sie
Der Welt das Licht des Wissens reicht;
Dieweil durch sie ein lichter Tag
Hervor aus schwarzem Chaos sprang,
Dieweil sie laut verkündet hat
Der düstern Mächte Untergang! — —
Und sie hielt Wort, die „schwarze Kunst":
Sie riß der Lüge Netz entzwei,
Sie brach der Zwingherrn eisern Joch
Und jenes auch der Klerisei;
Sie stand, ein starker Palatin,
Fest bei der Wahrheit heil'gem Gral,
Und steht noch fest mit treuem Sinn
Trotz Preßgesetz und Quirinal,
Trotz Lug und Trug und falschem Wahn,
Unfehlbarkeit und Weihrauchsdunst,
Trotz alledem und Vielem noch

Steht bei dem Recht die „schwarze Kunst".
Und treu hielt sie auch „Wacht am Rhein",
Als uns der Erbfeind jüngst bedroh:,
Auf ihrem weißen Banner stand:
„Der Wahrheit Sieg — der Lüge Tod!"
Und nach den Zaubertruppen hat
Sie schnell den nerv'gen Arm gereckt
Und hat mit fünfundzwanzig Mann
Manch' Tausend Feinde hingestreckt;
Colonnenweis war aufmarschirt
Ihr schwarzes, kluges Zwergenheer,
Das war voll Muth von A bis Z,
Gefürchtet über Land und Meer.
Und mehr als Pulver that und Schwert,
That dieses Zwergenheer fürwahr,
Schuf es doch die Begeisterung,
Die mit dem deutschen Volke war;
Denn mächtiger als jedes Schwert
Ist doch und bleibt das freie Wort,
Wenn es die freie Presse trägt
Von Ohr zu Ohr, von Ort zu Ort! —
Schlug es doch mit der Wahrheit Macht
Des tollen Franzmann's Uebermuth,
Und jeder Mann stand dafür ein
Mit Herz und Arm, mit Gut und Blut.
Beweist es Mancher nicht von uns,
Den heut' das Kreuz von Eisen schmückt,
Und Mancher nicht, den jüngst der Tod
An seine kalte Brust gedrückt?
Wie Manchem von der „schwarzen Kunst",
Der letztes Jahr hier bei uns stand,
·Bedeckt die schwarze Scholle jetzt
Die treue Brust in Feindesland. — —
In Frieden ruht — beendet ist

Nach heißem Kampf der alte Streit,
Als Preis aus blut'ger Urne stieg
Hervor die deutsche Einigkeit,
Und als zu Kaiser Rothbart kam
Mit dem Bericht der kluge Zwerg,
Da war des Kaisers erstes Wort:
„Dank Guttenberg! Dank Guttenberg!"
Und Dank sei dir, du „schwarze Kunst",
Die den Gedankenblitz gebar,
Mit dem auf Deutschlands Feinde jach
Herniederfuhr der Kaiseraar,
Und jeder schwarzen Wolke Dank,
Aus der der Strahl des Morgens bricht,
Und dreifach Heil dir, „schwarze Kunst",
Mit deinem Spruch: „Durch Nacht zum Licht."

Wir spielen Sechsundsechzig.

Die Göttin des Krieges ist zornentbrannt
Ueber all' die Friedenslügen,
Sie schüttelt den Helm mit nerviger Hand
Und läßt die Würfel fliegen,
Zwei Sechsen springen klirrend heraus,
Jetzt, Louis, wahre dein Malpertaus,
Wir spielen Sechsundsechzig!

Bellona eilt kriegsgerüstet durch's Land
Und ruft mit Drommetenstimme:
„Auf, Deutschland, auf! das Schwert zur Hand
„Und panz're dich mit Grimme,
„Der Mann an der Seine spielt va banque
„Um seine Krone, sagt ihm Dank,
„Und melbet Sechsundsechzig!

„Er sehnt sich nach eurem heiligen Rhein,
„Sonst hat der Mann keine Schmerzen,
„Er braucht ein Bad, stürzt ihn hinein,
„Und gönnt ihm den Rhein von Herzen —
„Franzosenblut färbe den Rhein so roth,
„Als spiegle sich d'rin das Morgenroth
„Von Anno Sechsundsechzig!

„Denn damals noch hatte der Tag nicht Muth
„Herein zu brechen auf Erden,

„Dieweil mit Eisen und mit Blut
„Sie Deutschland nie kitten werden,
„Heut' dürft ihr deutsch sein, nun seid es ganz,
„Das Spielchen zuerst, nachher der Tanz
„Va banque und Sechsundsechzig.

„Mit eurem heiligen Rechte seid ihr,
„Glaubt mir, legionenstärker,
„Als an der Spitze des Empire
„Der greise Rückenmärker.‟
Komm, kranker Mann, von der Seine Bord,
Zaudre nicht länger, wir haben dein Wort,
Es gilt ein Sechsundsechzig.

Trotz der Mitrailleuse und dem Chassepot,
Und trotz deiner falschen Karten,
Mit uns ist unser deutscher Gott,
Und die Ehre unsrer Standarten.
Heran, Rothosen, nur heran,
Es ist gemischt, das Spiel geht an,
Wir melden Sechsundsechzig! —

Der neue Marsch des alten Dessauers.

(Melodie: Dessauer Marsch.)

Motto: Einsteht in Glück und Nöthen
Mit Wort und blanker Wehr
Die Schaar der Poeten
Für Volk und Heer.

Marschiren wir, marschiren wir,
Marschiren wir nach Frankreich,
Marschiren wir nach Frankreich
Mit klingendem Spiel.

Wir suchen die Franzosen
Und meinen es so gut;
Wir möchten ihre Hosen
Färben mit Blut.

Marschiren wir 2c.
Die Bayern, Sachsen, Schwaben
Vereint mit Preußen schrei'n:
„Sie sollen ihn nicht haben
„Den deutschen Rhein.“

Marschiren wir 2c.
Zum deutschen Rhein die Triebe
Vertreiben wir euch schon,
Jetzt giebt es deutsche Hiebe
Napoleon!

Marschiren wir 2c.
Schick' deine Zephyrschaaren,
Was kümmert uns dein Wind,
So lang die deutschen Aaren
Bei Flügel sind.

Marschiren wir 2c.
Bei euch herrscht Lügenwesen
Paix schreibt ihr und les't: „Krieg“;
Wir schreiben wie wir lesen,
Und Sieg meint „Sieg“.

Marschiren wir 2c.
Wie reimt sich Marseillaise
Zusammen mit l'Empire?
Wie spielt mit euch der Böse,
Der Blut-Vampyr!

Marſchiren wir ꝛc.
 Die Hinterlader knatteren
 Trompeter blas zum Tanz.
 Hurrah! und Tod den Nattern
 Voll Trug und Glanz.

Marſchiren wir ꝛc.
 Auf! ſchützt die deutſchen Gauen
 Mit ſtarker Männerhand.
 Mit Gott für Kind und Frauen
 Und Vaterland!

Wir ſterben oder ſiegen.

Vom deutſchen Meer bis zum deutſchen Rhein
Erklingen die alten Lieder:
Das ganze Deutſchland ſoll es ſein!
Tönt's jubelnd durch unſre Glieder!
Nicht Norden, nicht Süden giebt es mehr,
Ganz Deutſchland ſteht in blanker Wehr,
Iſt Frankreich vor den Thoren.
 Das Schwert heraus! den Hahn geſpannt!
 Gott ſchütz' dein Haus, mein Vaterland!
 Laß deine Banner fliegen,
 Wir ſterben oder ſiegen!

Uns ſchreckt eure Chaſſepotbüchſe nicht
Und nicht eure Marſeillaiſe,
Nicht Furcht bleicht unſer Angeſicht
Beim Knattern der Mitrailleuſe,

Denn wir sind einig, lernt's verstehn,
Ob Schwabens, ob Preußens Banner wehn,
Sie einen deutsche Brüder.
    Das Schwert heraus! 2c.

Nur immer heran, Franzosenbrut,
Turkos und Zephyr=Barbaren!
Mit ehrlichem Herzen ficht's sich gut —
Das Recht ist mit unsren Schaaren,
Wir fechten für Herd und Weib und Kind,
Ihr für die Ehre und den Wind —
Bald spürt ihr deutsche Hiebe!
    Das Schwert heraus! 2c.

Auf! an den Rhein, und über den Rhein!
Und nieder mit den Franzosen.
Frei soll unser ganzes Deutschland sein
Von rothen Mützen und Hosen!
Wir wollen kein Glück, das Wälschland bringt,
Wir wollen ein Lied, das anders klingt,
Als „Sollen ihn nicht haben!"
    Das Schwert heraus! 2c.

Lebwohl, mein Lieb.

Lebwohl, mein Lieb, mich ruft das Vaterland,
Zwei Herzen schneid' ich in die Rinde ein,
Wie ich mit dir, soll unsrer Liebe Bild
Mit diesem stolzen Baum verwachsen sein.

Lebwohl, mein Lieb, horch der Trompeter ruft,
Wir wollen zeigen wie die Landwehr ficht,
Die Eiche ift des deutfchen Mannes Bild,
Ihr könnt fie fällen, doch ihr biegt fie nicht.

Lebwohl, mein Lieb, der Feind bedroht das Land,
Gehft du vorüber hier, fo denke mein,
Ich bin bei dir, felbft wenn mich Kampf umtobt,
Laß dein Gebet zum Schutze bei mir fein.

Lebwohl, mein Lieb, noch einen letzten Kuß,
Jetzt fteh, Franzos, wir halten nun Gericht!
Tambour fchlag an, die Landwehr ftürmt heran,
Die Landwehr ftirbt, doch fie ergibt fich nicht!

Weißenburg und Wörth.

Das war bei Weißenburg und Wörth:
Hurrah! da gab es Hiebe,
Da haben wir mit deutfchem Schwert
Mit Gott für Weib und Kind und Herd
Gedämpft zum Rhein die Triebe
Dem wälfchen Länderdiebe.
   Und jubelnd hat man gelefen:
   „Fritz ift dabei gewefen."

Hurrah! bei Weißenburg und Wörth
Da ift es fchön gewefen,
Da wurde gründlich ausgekehrt
Und euch, Franzofen, Refpekt gelehrt

Vor deutschem Wesen und Besen
Trotz euren Mitrailleusen.
　Und jubelnd hat man gelesen:
　„Fritz ist dabei gewesen.“

Das war das erste Doppel=Weh,
Das wir dem Feind bereitet,
Noch solche Schlacht und euch ist der Thee,
Den ihr bestellt schon an der Spree
— Die ihr später sattelt als reitet —
Für immer gründlich verleidet.
　Ihr werdet noch öfter lesen:
　„Fritz ist dabei gewesen.“

Bei Gravelotte.

Wie hieß doch eure Phrase, die ihr erdacht beim Wein
„Wir jagen die Biersäufer mit Tritten über'n Rhein,
„Wir schlagen diese Schuster und Schneider so gewiß,
„Als jeder Sansculotte eingeht in's Paradies.“

　　　Wie schnitten doch die Schneider
　　　Nach Mustern guter Art,
　　　Wie klopften doch die Schuster
　　　Das Leder euch so hart,
　　　Wie webten uns're Weber
　　　Euch manches Leichentuch,
　　　Und reichten die Biersäufer
　　　Euch manchen Todes=Krug.

Das war ein hartes Ringen, da unten bei Gravelotte,
Da lehrten wir erkennen euch unsern deutschen Gott,
Da haben wir bereitet dem Leichtfuß „schweres Loos",
Pech hat man mit den Schustern, das merk' dir, Herr
　　　　　　　　　　　　　　　　　　Franzos.
　　　Wie schnitten doch die Schneider 2c.

Das war ein lust'ges Fechten, im Feld von Rezonville,
Da machten wir viel tausend Franzosenmäuler still,
Da wurden keine Witze vom Sauerkraut gemacht,
Da haben unsre Schneider zum Meckern euch gebracht.
　　　Wie schnitten doch die Schneider 2c.

Jetzt haben wir die Beine zum Laufen euch geschmiert
Und haben für den Himmel die Pässe euch visirt,
Wir können euch erreiten kaum auf dem schnellsten Gaul,
Denn wahrlich eure Beine sind schneller noch wie's Maul.
　　　Wie schnitten doch die Schneider 2c.

Hurrah, ihr Herrn Franzosen, wo blieb Monsieur Elan,
Der Vorschwung hat ein Ende, längst fing der Rück=
　　　　　　　　　　　　　　　　　　schwung an,
Die Schuster und die Schneider sind dankbar euch gewiß
Und bringen selbst die Rechnung zum Saldo nach Paris.
　　　Wie schnitten doch die Schneider 2c.

————　　————　　————

Bazaine.

Wie hieß doch der Soldknecht in Flitter und Gold,
Der nach Montezumas Krone geschielt?
Wie hieß der Henker von Mexiko,
Der straflos mit Menschenleben gespielt?

Der frech, wie Pipin der Kurze, sprach:
„Herrscher ist der, der die Macht besitzt!"
Und den sein Complice an der Seine Bord
Dafür nicht hinab in den Staub geblitzt.

Wie hieß doch der Turco im christlichen Rock,
Der jene verfluchten Befehle gab,
Die unverdiente Schande gebracht
Ueber ein reines, deutsches Kaisergrab?
Wer war doch der Bub, der eine Welt
Mit stolzen Siegsberichten belog,
Und dann feig, wie ein geprügelter Hund,
Aus dem Sonnenlande nach Hause zog?

Es war Marschall Bazaine, des Kaisers Satrap,
Der heut noch blaquirt, zum Spotte der Welt,
Den nicht die Strafe des Mörders traf,
Den der Wälschen Kaiser sich gleich gestellt.
Dem Schlachtengott Dank, der dich gestürzt
Trotz Mitrailleuse und dem Chassepot,
Der dem Metzger Mexiko's gab sein Metz
Und Deutschland Revanche für Mexiko.

––––––––

Zwei Adler.

Da hinten im Vogesenwald
Hat einmal ein Adler genistet,
Dem hat's nach unbeschränkter Gewalt
Im Reich der Luft gelüstet.

Ihm war zu eng sein weites Land
Und nach der Art mancher Aare
Empfand er ein kaiserlich Gelüst
Nach Blut und nach Gloire

Er fühlte lodern in der Brust
Den Haß, den mächtigen, alten,
Auf den Königsadler, der am Rhein
Die treue Wacht gehalten.

Er hat mit heißer Kampfbegier
Seinen Flug zum Rheine genommen,
Und der deutsche Königsaar ist ihm
Halbwegs entgegen kommen.

D'rauf ist ein heißer Kampf entbrannt
Im blauen Aether dort oben,
Daß unter Flügel= und Schnabelschlag
Blut floß und Federn stoben.

Es wogte hin und her der Kampf,
Man hörte bersten die Knochen,
Bei Sedan wurden dem Kaiseraar
Die stolzen Schwingen gebrochen.

Aufjauchzte laut das deutsche Land
In Siegesjubel und Wonne:
„O Königsadler vom deutschen Rhein,
„Flieg' ferner auf zur Sonne!"

An die Humanen.

Humanes England, erhebe nur du
Für Frieden nicht deine Stimme,
Humanes England, pred'ge nur du
Versöhnung nicht unserem Grimme,
Schlag' du nur nicht an deine Brust
Unter humanen Congestionen,
Sonst setzen sich nieder zum Gericht
Ueber dich hundert Nationen.

Am Ganges und Nigger hast du gehaust
Wie kein bengalischer Tiger,
Und wo du siegtest, da schrieb mit Blut
Seinen Willen nieder der Sieger.
Zu rechnen hat die Welt mit dir,
Wen hättest du nicht schon betrogen?
In welchem Kriege hättest du nicht
Von Neutralität gelogen?

Wo hast du nicht, um einen Silberling,
Den besten Freund schon verrathen?
Welch' Blatt der Geschichte spräche nicht
Von Englands gemeinen Thaten?
Mit frommer Rechten bettelst du
Für Afrikas heidnische Kinder,
Und mit der Linken hast du verkauft
Kriegsschiffe dem Negerschinder.

In Mexiko hattest du dich bemüht
Ein Kaiserreich mit zu schaffen,
Und in Yukatan verschacherst du
Den Feinden des Kaisers Waffen

Als Jud — das heißt im schlechten Sinn —
Stehst du vor uns in aller Fehle,
Wo ein Völkerheiland verrathen ward,
That's nur deine Judasseele.

In den wälschen Schiffen brennen noch
Die neutralen englischen Kohlen,
Bahnfrei, perfides Alt=England,
Und mag dich der Teufel holen!
Merk' dir: in uns'rer Sache sind
Wir allein nur die höchsten Richter,
Ein Pereat jedem Friedenssermon.
Du Neutralitätsgelichter.

Der Feldpostbrief.

Jetzt, Mutter, gieb Acht, was Friedrich schreibt:
„Sedan, am zweiten September.
„Gut Väterchen mein und lieb Mütterlein,
„Wir kehren heim im November.
„Geschlagen in Stücke ist der Feind
„Und der Napoleon gefangen;
„Jetzt wird mit Gesang und Kling und Klang
„Nur noch nach Paris gegangen.
„Hurrah! Hoch lebe Prinz Friederich,
„Ihr guten Alten, mein Mädchen und ich!
„Es geht nach Paris, ich freue mich
„Und bleibe in Treue der Friederich."

Die Mutter zerdrückt ein Thränlein und spricht:
„Gott mög' ihn auch ferner führen!"
Der Vater schluchzt: „Es gefällt mir nicht,
„Daß ich nicht darf mitmarschiren!"

— —

In den Kellern von Straßburg.

Dreifaches Elend, dreifache Noth,
Von allen Seiten bedroht sie Tod:

Ein Feuergürtel umwallt das Haus,
Die Bomben streuen Verderben aus;

Tückisch die Ill in den Keller tritt,
Schleppt noch das schleichende Fieber mit,

Und fliehen sie auch des Kellers Bann,
Ueberall grinst sie der Hunger an!

Der bleiche Hunger, der stille Gast
Flieht mit ihnen, macht mit ihnen Rast,

Der Matrone Elend ist ihm Lust,
Wie des Säuglings Tod an welker Brust.

Die Mutter betet: „Ewiger Gott,
„O ende die Noth durch schnellen Tod!"

Da tönt's von draußen in ihr Gebet:
„Die weiße Fahne vom Münster weht!"

12*

Die weiße Fahne? — Sie danken Gott,
Die weiße Fahne bannt Noth und Tod.

Wie gut, daß wenn Hülfe nahe ist,
Sein Elend der Mensch so schnell vergißt!

Mohammed Ben Comeder.*)

Ein christliches Wort an einem heidnischen Grabe.

Wo der Samum des Löwen Spur verweht,
Am Fuße des Atlas stand dein Zelt,
Da warst du vielleicht, wie ich, ein Poet,
Da warst du frei, da warst du ein Held;

Da hätte ich furchtlos mein Haupt gelegt
In deinen Schooß, und in Frieden geruht;
Doch seitdem dein Herz unterm Soldrock schlägt,
Bist du Hyäne und triefst von Blut.

---

*) In München fand am 13. August 1870 die Beerdigung eines im Kriege schwerverwunreten Turcos, Namens Mohammed Ben Comeder, Tirailleurs vom kaiserlich französischen 1. Regiment, 3. Bataillon, aus Algier, statt, welcher im Militai Lazareth seinen in der Schlacht bei Wörth erhaltenen Wunren erlegen war. Derselbe wurde mit militärischem Konbukte und unter Begleitung zahlreichen Volkes nach dem südiichen Friedhofe vor dem Senbinger Thore gebracht und dortselbst beerbigt. Da er ber mohammebanischen Religion angehörte, so fanden keine religiöen Ceremonien statt, und wohnte der Militärspitalkurat nur als Zeuge in Civil der Beerdigung bei.

Dich haffe ich nicht, betrogener Mann,
Den haff' ich, der dich in Ketten schlug,
Und mit eklem Sklavenschweiße dann
Befleckte dein heilig Turbantuch.

Der dich machte zu dem, was du heut' bist:
Zum Thier, das mit Feindes Blut sich letzt,
Zu dem Sklaven, der seine Kette küßt,
Zum Bluthund, den man auf Menschen hetzt.

Komm her und laß kühlen die Wunden dir,
Der du besser, als dein Herrscher bist,
Fürcht' nichts, Mohammed, und glaube mir,
Ich bin dein Bruder und bin — ein Christ.

Deine Stirne neigt sich, das ist der Tod!
Allah verzeih' dir, was du gethan!
Dem Turco im Louvre, rechne es, Gott,
Und nicht diesem Wüstensohne an!

Fern deiner Heimath, im eisigen Grund,
Ward dein heißes Herz zur Ruh gebracht,
Die Ehrensalve und Scholle fällt und
Sagt dem tapfern Krieger: Gute Nacht!

Nach der Schlacht.

Es war auf dem Schlachtfeld von Rezonville,
Da lagen im Abendrothe,
Umflossen von blutigem Glorienschein
Viel Tausend Wunde und Todte.

Der aschfahle Würger, der König Tod,
War über's Blachfeld geritten
Und hatte mit klirrender Sense dabei
Viel Menschengarben geschnitten.

Und wo der Wilde vorübergestreift,
Da ließ er zurück Entsetzen,
An den Sträuchern und Bäumen und Felsen hing
Sein Purpurmantel in Fetzen.

* * *

Wer wandelt dort über's Schreckensfeld?
Das sind die Johanniter!
Roth flammt das Kreuz auf weißem Grund:
Gott segne die Samariter.

Bei einem Jüngling halten sie an,
Er ist in den Kopf geschossen,
Sein bleiches Mädchenangesicht
Erscheint mit Blut übergossen.

Der richtet sich auf und sagt mit Müh:
„Gott Grüß euch, viellieben Leute,
„Der Tag ist hin, gewonnen die Schlacht,
„Doch ich bin des Todes Beute.

„Was liegt mir daran, das Vaterland,
„Das theure, ist ja gerettet,
„Was liegt daran, wenn man uns jetzt
„In wälsche Erde auch bettet.

„Doch was mich drückt und weit tiefer schmerzt,
„Als meine tödtliche Wunde,
„Das ist daheim mein Mütterlein,
„Die hat kein Brod zur Stunde.

„Und auch meines Bruders Weib und Kind
„— Der Mann ist bei Wörth gefallen —
„Die haben keinen Helfer mehr,
„Ich war der letzte von Allen.

„Ihr von•Gott gesandten, wenn ihr wollt,
„Daß ich in Frieden sterbe,
„So sorgt doch, daß mein Mütterlein
„Im Elend nicht verderbe.“

Da sprach aus dem Johanniterzug
Ein Greis mit ernster Geberde:
„„Der Gott der Welten segne dich
„„Und mache dir leicht die Erde.

„„So wahr uns die ewige Liebe schützt,
„„Die Futter spendet den Raben,
„„So wahr wird Aller Wunsch erfüllt,
„„Die für uns geblutet haben.““

Und über des Jünglings Antlitz zog
Ein stiller, heiliger Frieden:
„Du Mann vom Kreuze habe Dank!“
Und lächelnd ist er verschieden.

*　　*　　*

Und so wie der eine Brave starb,
So starben tausend im Felde —
Die ihr der Blutsaat Ernte brecht,
Erfüllt ihr Vermächtniß in Bälde.

Mit vollen Händen gebt euer Gold,
Daß der Zeit von Blut und Eisen
Nicht eine Zeit des Elends folgt
Für Wittwen und für Waisen.

Jedwedes gebeugte Mütterlein,
Der man einen Sohn erschlagen,
Sei uns wie jene Mutter werth,
Die uns unterm Herzen getragen.

Jedwede Arme, die ihren Mann
Auf dem Ehrenfelde verloren,
Sei uns wie eine Schwester lieb,
Die uns're Mutter geboren.

Jedwedes Kind, das zur Waise ward,
Dieweil sein Vater gefallen,
Sei uns wie unser eigen Kind
Und wie das Liebste von Allen.

Erst dann zählt Jeder zum Heldenvolk,
Das seine Feinde geschlagen,
Erst dann wird hell das Morgenlicht
Gesegneten Friedens tagen.

Seinebabel.

Wie David, der Knabe, den Goliath
Niederwarf auf den zitternden Grund,
So liegst nun du, stolze Seinestadt
Blutend, machtlos und todeswund.

Wie warst du immer so siegsgewiß,
Wie sah'st du so höhnisch auf uns herab
Eh' David's Schleuder dich niederriß
Und dir so bitt're Lehre gab!

Weh' Babel, zu End' ist dein Siegeslauf,
Es kam deine Zeit, leg' Trauer an,
Die Harfen häng' an den Weiden auf,
Um deine Größe ist's gethan.

Du lerntest selber nun kennen die Noth,
Die du unserm Deutschland zugedacht,
Aber nicht wir, ein gerechter Gott
Hat dich zu deinem Fall gebracht.

Derselbe Gott, den du frevelnd einmal
Seines ew'gen Amtes hast entsetzt,
Entsetzt dich nun deiner Würden all'
Und hat nun deinen Stolz verletzt.

Wie liegst du nun vor uns, du Riesenweib,
Mit thränenbeströmten Angesicht,
Umspannt von eisernen Klammern den Leib,
Zitternd erwartend das Weltgericht!

Wie blühte so stolz deine Schönheit doch
Und deines Ruhmes üppiger Kranz!
Wie lange ist's her und es strahlten noch
Gärten rings in goldigem Glanz!

Du wußtest nicht von Elend und Noth,
Rings lachten Kinder und holde Frau'n,
Und nun umgiebt dich Winter und Tod,
Oede Gefilde — Schrecken — Grau'n. —

Einst leicht, gleich leichten Champagnerwein,
Nahmst du dein Leben, wie ein Spiel,
Der Sitte Schranken rissest du ein,
Du wurdest Babel — und Babel fiel.

Du Babel dort an der Seine Strand
Häng' deine lust'gen Harfen auf,
Leg' an ein härenes Bußgewand
Und laß deinen Thränen freien Lauf

Und wenn man dein Loos nicht tief beklagt,
So zeig' kein zürnend Angesicht,
Denn wisse, ein großer Dichter sagt:
„Die Weltgeschichte ist Weltgericht!"

————

Rothbart Friedrich.

Und wieder sind hundert Jahre vorbei
Und gähnend erwacht der Kaiser:
„Auf, Zwerge, bringt Kunde, fliegen noch
„Die Raben um den Kyffhäuser?" —

Gehorsam enteilt das Zwergenvolk,
Dann meldend mit frohem Munde:
„„O Herr, eine Trikolore weht
„„Hernieder vom Thurm zur Stunde.

„„Die hat mit ihrem Schwarz, Weiß und Roth,
„„Mit ihrem Rauschen und Wehen
„„Vertrieben das ganze schwarze Volk,
„„Kein Rabe ist mehr zu sehen."""

Da springt der Kaiser empor vom Tisch,
Ist wie ein Jüngling zu schauen,
Nicht blicken die Augen schläf'rig mehr
Hervor unter finstern Brauen.

Mit starker Hand entblößt er das Schwert
Und ruft mit Drommetenstimme:
„Die Stunde ist da der Einigkeit,
„Jetzt, Wälscher, steh' unserm Grimme!

„Das ganze Deutschland ist nun bereit,
„Sich von der Schmach zu erlösen,
„Das ganze Deutschland ist lang genug
„Der Wälschen Affe gewesen.

„Auf, Zwerge, legt mir den Purpur um
„Und helft meinen Bart mir stutzen,
„Zu Deutschlands Hochzeitsfeier muß
„Der greise Kaiser sich putzen.

Und nun zu Pferde und nun hinaus,
Aufsprudle nun, Einheitsbronnen —"
Und bei Wörth hat Rothbart Friederich
Seine erste Schlacht gewonnen.

Zum Friedensschluß.

Nun schießt mit allen Kanonen
Ein donnernd Victoria!
Nun läutet mit allen Glocken
Denn jetzt ist der Friede da!

Der lorbeerbekränzte Frieden
Fliegt einem Herold gleich,
Den Ostermorgen verkündend
Durch's deutsche Kaiserreich.

Nun kehren sie heim, die Braven
Von ihrer „Wacht am Rhein",
Nun ist zum Einheitsgebäude
Gelegt der letzte Stein.

Nun lasset die Schwerter ruhen
Und formet Pflüge d'raus,
Und laßt das Te deum brausen
Aus jedem Gotteshaus.

Und betet auch, daß der Himmel
Den müden Feind erquickt,
Mit Balsam kühlt die Wunden
Mit Grün die Gräber schmückt,

Trost giebt den Wittwen und Waisen
Den theuern Todten Ruh'
Und langen Frieden der Erde —
Das, Vater, walte du!

Räthsel.

Einsilbig.

Ich bin der Tod und bin doch Lebensquelle,
Das ew'ge Nichts es ist mit mit mir verwandt
Und gelbes Korn entlockt doch meine Welle
Der Wüste selbst, der „todten Bettlerhand".
Du siehst mich, wenn dein Auge starrt in's Leere,
Kambyses führte siegreich seine Heere
Zu mir, der Schlange unter blauem Himmelsdom,
Die ein Wort nennt in Babylon und Rom.

(Nihil) Null.

Dreisilbig, zweideutig.

Die beiden Ersten sind nasse Luft,
Die Dritte senkt früh dich in die Gruft;
Das thun auch die Drei mitsammen gern
Ist, wenn sie nahen, dir Rettung fern.
Nur einmal wirst du verschmachtend schrei'n:
„O Gott, ein Tropfen nur von den Zwei'n"
Und dann schreist du wieder: „Zuviel der Gnade,
„O Gott, halt ein mit dem schrecklichen Bade."

Wassernoth.

Viersilbig.

Ihr heil'gen Zwei, wer euch nicht kennt
Hat nie die letzten rein empfunden.

Wie süß sie sind, sie schlagen oft
Uns unsichtbare Todeswunden. ·
Doch alle viere haben nie
Ein Herz, das an sie glaubt, betrogen,
Heil dir, der·mit den letzten Zwei'n
An's Herz der Ersten ist geflogen.

Mutterliebe.

Zweisilbig.

Sei wie die Erste; holdes Kind,
So ist die Zweite außer Frage,
Du stehst dann da so zweifellos
Wie Eva war, am ersten Tage.
Wenn dich das Ganze donnernd schreckt,
Denkst du vielleicht an Wein und Liebe,
Das Ganze wünsch' den Franzmann ich
Und wenn er's will, doch — deutsche Hiebe.

Rheinfall, Weinfall.

Zweisilbig.

Setzt du der Ersten den Zweiten zu,
So wünsch' ich, daß es Niemand werde,
Das Zweite ist des Meeres Kind,
Des Ganze: „Niobe der Erde.“
Es ist als ob man weinen sollt',
Hört' man von diesem Ganzen sprechen
Vor Freuden über sein Waldesgrün,
Vor Leid über Dummheit und Verbrechen.

Irland.

Zweisilbig.

Ich bin zweisilbig und ein Fluß
Im Land, wo der Deutschen Wiege stand,

Doch spielen die Kinder mit trocknem Fuß
Auf meiner Diele im deutschen Land.

Gauges.

Dreisilbig.

Dreisilbig bin ich! die Erste ist
Mutter der Menschheit ohne Frage,
Die beiden Andern machen gar oft
Heine'schen Helden Schmerzen und Plage.
Trennst du mich anders, ist die Erste kein Weib
Und die letzten Beiden können dich tödten,
Sind sie mit der Ersten vereint
Als Hauptwort, oder in Kummer und Nöthen.

Erd=Rücken, er=brücken.

Drei Worte von acht Silben.

Erstes Wort.
Vierfilbig.

Sei meine Erste gegen Andre,
So wird man gegen dich es sein.
Ich bin nicht Eigenschaft des Essigs,
Doch sollt' ich es beim Weine sein.
Die beiden Andern sind das Leben,
Wo sie nicht sind herrscht Lethargie,
Wer uns nicht hat, der sinnt vergebens
Und bringt es doch zum Reichthum nie.
Die Vierte ist ein furchtbar Wort
Ist weich das Ende ihrer Zeichen,
Und fehlt das K an ihrem Kopf,
Doch Mancher braucht's zum Zeitvertreib
Und wendet's an zum Stein erweichen.

Zweites Wort.
Einsilbig.

Drei Zeichen bilden an diesem Ort
Dies wichtige Verbindungswort.

Drittes Wort.
Dreisilbig.

Die erste Silbe empfangen nur Priester,
Doch wird sie auch dem Dichter eigen,
Wenn sich zu ihm mit keuschem Kuß
Die jungfräulichen Musen neigen.
Die Zweite ist die Mutter des Tod's,
Des bleichen Entsetzens und Verbrechens,
Die Dritte ist Tochter der Ewigkeit
Freundin des Nichthaltens und Vielversprechens.

Das Ganze.

Gott sei mit dir, wenn dich das Ganze treibt
Der Armuth düst're Hütten aufzusuchen,
Gott sei mit dir, wenn Niemand niederschreibt
Was oben deine Engel für dich buchen.

Mildthätigkeit zur Weihnachtszeit.

— · — · —

Zwölf Palindrome.

1.

Von vorn bin ich ein scharfes Würzlein —
Darfst mir's glauben; —
Von hinten schuf Vulkan im Zorne mich,
Freiheit zu rauben; ·

Wer mich genoß, und wen ich eingeschlossen,
Hat manche bitt're Thräne schon um mich vergossen.

Bettig, Gitter.

2.

Lies mich von vorne und von hinten,
Du wirst mich immer weiblich finden:
Für Mädchen — ein gesuchter Titel,
Für's Wörtchen „Frau" — Verschön'rungsmittel.

Madam.

3.

Von vorn beging ich in der Welt die erste Sünde,
Von hinten betet mich die Mutter mit dem Kinde.

Eva, Ave.

4.

Von hinten ißt du gern
Ein Stück von meinem Fleische,
Von vorne trinkst du dir
Aus meinen Früchten Räusche.

Rebe, Eber.

5.

Von hinten war ein Gott ich,
Groß an Macht und Lüsten;
Von vorn ein Städtchen bin ich
An Arabiens Küsten.

Zeus, Suez.

6.

Lies mich von hinten, und ich bin die Stadt,
Nach der dich alle Straßen führen;

13

Von vorn gelesen, kannst du leicht die Ruh'
Der gold'nen Jugendzeit durch mich verlieren.

Roma, Amor.

7.

Ich bin einsilbig nur;
Doch wie man mich auch liest
Ein Ding, das ewig war,
Sein wird und ist.

Sieb.

8.

Ich bin von vorn der Trost der Armen,
Ich bin von vorn das Loos der Reichen;
Kein Palast, keine Hütte ist
An Sicherheit mir zu vergleichen;
Drehst du mich um, so lach' ich dir entgegen
Frisch, saftig, grün, nach erstem Frühlingsregen.

Sarg, Gras.

9.

Ein Königreich bin ich oft werth,
Drängt dich der Feind und bricht dein Schwert.

Renner.

10.

Bist du d'rin, langweilst du dich;
Bist du draußen, suchst du mich.

Ehe.

11.

Von vorn bin ich dem Dasein gleich;
Von hinten herrsch' ich im Todtenreich.

Von vorn mach' ich den Tod entflieh'n,
Von hinten erzeuge ich den Spleen.
Von hinten mach' ich die Tage trübe,
Von vorn bin ich warm und voller Liebe.

Leben, Nebel.

12.

Ich bin ein Ding, das in der Noth
Von Unheil retten kann und Tod.

Retter.

Inhalts-Verzeichniß.

Erzählende Gedichte.

Sonette.

Lyrische Gedichte.

Anhang.

Die mit einem * bezeichneten Gedichte sind componirt.